だいわ文庫

頭のよさは国語力で決まる

齋藤 孝

大和書房

はじめに

あなたの国語力は大丈夫ですか？

私たちは国語を現代文、古文、漢文といった教科として学んできています。なおかつ、日本語を日常でも使っているので、およそ国語力は「ひと通り、誰にでもある」ということになっています。

しかし、そもそも「国語力」というものは、自分にとってどういうものであるのか、そして自分にどのくらいの国語力があるのか。はっきりさせる必要があるのにそれをしていない、その状態を、私はよくないと思っています。

現代社会では、言葉を通じて意思をやりとりする、感情をやりとりするということが、より精密に、より高速に行なわれるようになりました。これほどまでに、読んだり書いたりすることが多い時代というのは、歴史上なかったわけです。

つまり、**最高レベルの実用的な言語活動が求められているにもかかわらず、自分の**

国語力に自信がもてない人が多い。能力的には江戸時代の子どもたちが身につけたものに劣る国語力であり、それが心配だ、という点。

もう一つは、国語力というものは人間性の礎《いしずえ》であり、社会性の大本であるにもかかわらず、それが忘れられ、いま一つ本気でとらえられていないのではないか、ということです。

「国語なくして人間性なし」というと言いすぎかもしれませんが、国語力がないということは、他人と共感し合える知性というものが育っていないことを示します。これでは、社会性にも不安が出てきます。

思考力を育み、母語の運用能力を高める教科である国語は、他のすべての教科の基礎になるだけでなく、人生の基礎になるといってもいいでしょう。

しかし「国語はあまり好きではない」ということで、高校まで学ぶことを終えてしまう人が多い。大学には「国語」という科目はありませんから、国語力をもう一度しっかり鍛《きた》え直さないと、本当のところで人間性を培《つちか》い、社会性をより広範囲に発揮していくことが難しいのではないか、ということを感じるのです。

歴史をさかのぼると、国語力と人間性というのは、ほぼイコールだととらえられていた時代が長くありました。現代は「情報」という言葉で、いろいろなものが整理された結果、人間性や社会性を養うトレーニングとしての国語が、曖昧《あいまい》になってしまっています。すでに読み書きはできるわけですから、それ以上のものは必要ない気がしてしまう。

ところが、実際には私たちは情報だけで生きているわけではなくて、人間性をお互い見合いながら「この人と一緒に仕事をしようか、するのをやめようか」というふうに決断を繰り返しているわけです。

そこでは、**国語力を土台にした言語活動がどれだけしっかりできる人であるのかが、その人の評価を左右している**といえるのではないでしょうか。

AI（人工知能）が台頭して私たちの仕事を奪っていく時代といわれています。しかし国語力があれば動ずることはありません。なぜなら、国語力が身についている人は、その新しい状況の下で何が必要になるかを自分で考えて整理し、もし自分にとって必要なスキルがあるならばそれを学んでいけばいい、と判断できるからです。

そういった認識力そのものも、国語力を土台にして培われていると、私は考えています。ですから、国語力養成の重要性は変わらない。

人間の土台をつくるもの、それは思考力だと思います。そして思考力の土台になるのが母語、日本人であれば日本語です。**母語で思考することをしっかり認識するところからすべてがはじまる**のだと考えると、より高いレベルの言語能力を育成する、母語の運用能力を高めていくことが必要です。

福沢諭吉《ふくざわゆきち》は文明開化ということを言って、漢学というものはもう古いので西洋の学問にシフトすべきだと主張しました。けれども、福沢自身はずっと漢文の書き下し文のような文語体で文章を書いていました。『学問のすゝめ』という新しい時代を告げる書であっても、文語体で書いているわけです。

その著述の基盤となっているのは、10代に培われた漢学の素養です。福沢自身は幕末の伝統的な教育を受けました。『孟子《もうし》』の素読《そどく》からはじまり、漢学の講義を聞き、とりわけ得意だったのは『春秋左氏伝《しゅんじゅうさしでん》』（左伝《さでん》）であった、と後に回想しています。

殊《こと》に私は左伝が得意で、大概の書生は左伝十五巻の内三、四巻でしまうのを、私は全部通読、およそ十一度《た》び読み返して、面白いところは暗記していた。

『新訂　福翁自伝』（岩波文庫）

自分の意見を明確に表現する福沢の文章は、漢学の修練をした者でなければ書けない文体であり、その強靭《きょうじん》な文語体があってこその思考力、ということになります。

幕末を経て、世界史上まれにみる急速な日本の近代化を推し進めたのは、伝統的な教育の最たるものである江戸《えど》時代の素読中心の教育を受けてきた人々なのです。

スピーディーな問題解決能力が求められる時代に才を発揮した人々は、実は伝統的な学力により育ってきた。私たちはこの逆説をよく考えてみる必要があるでしょう。

「読書離れ」ということがいわれています。タブレットやスマートフォンで日々膨大な量の活字を見ていたとしても、それと読書とは異なります。

温泉宿でピンポンを楽しんでいても、卓球の選手にはなれません。しっかり鍛えないと上達できないように、国語においても読書によって語彙《ごい》を増やさないと言葉は成熟していかない。言葉が未熟であれば、人間も未熟なままで止まってしまいます。

人間が成熟していくことの大きな側面は、言葉が成熟するということです。

言葉が成熟していないと、何かトラブルが起きたときに、その状況や自分の気持ちを適切に言葉にできないため、自分のなかにストレスを溜めやすくなります。

あるいは、少ない語彙で言葉が通じる仲間内だけで物事を済ませようとしてしまう。

共感できるものだけを受け取り、異なる考えは拒絶する、といった限界をもたらしてしまいます。

こうした状況に楔《くさび》を打ち込みたい、というのがこの本のねらいです。**ここでもう一度、国語における四股《しこ》を踏み直す、スクワットをして足腰を鍛える必要があるのです。**

本書はさまざまな角度から、国語力を鍛えるための具体的なトレーニングをちりばめて構成しています。それぞれは、「一度取り組めば十分」というものではありません。また、生きた国語を学ぶには、この本さえ読めばいい、というたぐいのものでもありません。

しかし、書かれていることを実践し、自分のなかで育てていくことで、それらは成長していきます。ふと気がつくと、相応の変化があらわれているはずです。

腰を据《す》えてやってみようという人には、根本から変わるための、力になれる一冊になるでしょう。

第2章 文章力アップの技法

第3章 表現力アップの手法

第Ⅱ部 会話の最重要ポイント

第4章 対面力アップの極意

第5章……対話力アップの奥義

第6章……主張力アップの秘訣

第8章……感情自制力アップの近道

第Ⅰ部 日本語の最重要ポイント

インターネットやスマートフォンの普及もあって、昔より明らかにコミュニケーションにかかるストレスは大きくなっている。誰もが、言葉による摩擦《まさつ》にスッキリしないものを感じている。

大切なことを伝えたいときは、「あ・うん」の呼吸や、気持ちを察するということだけでは済まなくて、自分の意思をきちんと言葉にし、相手の意思を読み取ろうとすることが不可欠だ。的確にわかりやすく説明する、説明を聞いて正確に理解することができなければ、とくにビジネスの現場でのコミュニケーションは成立しない。

何かトラブルが起きたとき、その状況を適切に言語化して伝えられれば、問題がフッとほどけることが、多くの場面である。これは、性格や相性の問題ではなく、その人に「生きた国語」の基礎力があるか、ないかの問題である。そこで、この本は「基礎を鍛える」というところからはじめたい。ポイントは3つある。

第1に、国語力の土台は「読解力」だ。職場で、家庭で、学校で遭遇するトラブルの多くは、意味の取り違えや行き違いによるもので、それを回避するためには高い読解力が求められる。読解力が乏《とぼ》しければ、相互に不信感や不安感を募《つの》らせることになる。

第2に「文章力」だ。大人のコミュニケーションにおいて、人前できちんと話すとなると、日常的に使っている「話し言葉」だけでは足りない。しっかりとした論旨《ろんし》の組み立ても考えなければならない。密度の高い会話ができるようになるためには、「書き言葉」の訓練が欠かせない。

いくら親しい間柄であっても、仕事上のメールは話し言葉ばかりで書いてはいけない。それをわきまえなければ「精神的に幼い」と見なされてしまうだろう。そうならないために有効なのが、「書く」という作業だ。「書き言葉」を吸収していくことで、ビジネスでも使える「実用日本語」が増え、自らの語彙《ごい》力の貧弱さにも気づいていく。

そして第3が「表現力」だ。社会生活においても、私生活においても、自分の感じたことや考えたことを端的に表現しなければならないとき、新聞や本などの活字から得られる豊富な語彙をもっていなければ、どうしても幼さの残る話し方になってしまう。

大人であれば、身だしなみに気を配るように、さまざまな場面に応じて適切な言葉を運用する力も磨く。それは社会人としての最低限のマナーである。

第1章

読解力アップの実践法

▼どんなスキルよりもあなたの評価を高めてくれるもの

読解力と聞くと、学生時代の国語の読解力テストを連想するかもしれません。しかしここでは、同僚、友人、家族との会話、さらにはEメールの文章や、その場の雰囲気、いわゆる「空気を読む」ということも含みます。

読み解く力を鍛えていけば、散乱する大量の情報のなかから重要なものを選び出し、秩序立てて再構成する「要約力」や、その内容を筋道を立てて論理的に伝える「伝達力」、それらをベースにして周囲の人たちと意見を交わす「コミュニケーション力」がつきます。これらが、仕事をするうえで重要な力であることは間違いありません。

それに加えて、物事を多面的にとらえることができるようにもなります。それによって、たとえ価値観や考え方が違っていたとしても、相手の言わんとしていることの本質を理解することができる。理解ができることで、寛容《かんよう》にもなれる。つまり、人の気持ちに寄り添う「共感力」が身につくのです。

不毛な感情的議論に陥る危険性が少なくなる。これは、私たちが社会のなかで生きていくために欠かせないものです。

現代を生き抜く力として、読解力は非常に大きな比重を占めています。**言葉の正確な理解に基づいた対話を可能とする能力がある人が、仕事も人間関係もうまくいくようになっているのです。**

仕事でもプライベートでも、私たちは1日に何十通、人によっては100通を超えるEメールやメッセージアプリ、チャット等の文章を目にしています。スタンプや絵文字で感情表現できる場合もありますが、多くは文字が並んでいるだけです。

相手の顔は見えない、筆跡もわからない、ただ画面上に並んでいる文字を読む側は、そこから情報だけを受け取るのではなく、文字に込められた書き手の気持ちを読み解き、的確な言葉で返信することが求められます。

たとえば、仕事の提案をEメールで投げかけたとき、相手の返事が「いいかもしれませんね」だったとします。このとき、相手は承諾しているのでしょうか。

ONE POINT　メールに書かれた文章をそのまま受け取るだけでなく、相手の感情を読み取らなくてはいけません。

文面を読み解き、どうやら相手はまだ満足していないのかもしれない、と判断したなら、「ありがとうございます。あるいは、このようなかたちでもできますが」と、別の提案につなげることもできるでしょう。このように言葉をそのまま受け取るだけでなく、自分のなかでイメージし、それに対応しなければなりません。

実は、こうした読解力の有無によって、物事の進んでいく方向が大きく変化してしまうことは多いのです。プライベートでは、恋人の感情をうまく受け止められるか否かで、将来の結婚相手が変わってしまうことさえあるでしょう。

私は、コメンテーターとしてテレビ番組にも出演していますが、コメンテーターに一番必要な力とは、人を傷つけないコメントをし続ける能力であるといえます。これはまさに読み解く力です。

物事の善悪を判断する力ももちろん大切ですが、**こちらの見解が正しいかもしれない一方で、ほかにもどういう気持ちでいる人がいるのか**、といったことまで広く考えたうえで、発言していかなければなりません。

近年は、「仕事ができる人」の定義も変わってきています。かつては、指示された業務を効率よく処理できる人を指しました。しかし近年、単純作業はＩＴが代替《だいたい》することも多くなり、最近では面白い企画を出し、チームでプロジェクトを進められる、といったことが評価につながっています。そこで必要になるのも読み解く力です。

▼「読み解く力」がないと話が通じない

日々の仕事で、一人が処理しなくてはならない情報は膨大《ぼうだい》です。いまの社会において、情報を正しく読み、素早く要旨《ようし》をつかみ取れないとなると、あらゆる仕事で支障をきたしてしまいます。

読解力が低い人と仕事で組むことになったら、一体どんなことが起きるでしょうか。こちらは重要なことを伝えたつもりでも、相手が的外れな受け取り方をしている可能性があります。それは、大きなミスにつながることもあります。そして伝えたつもりのことが伝わっていないことが判明した後は、その人がどう理解したのか、こと細かに確認しなくてはなりません。

読解力の低い人は言外の意味が理解できないため、一から十まで説明しなくてはなりません。「あとは任せた」には、とてもできない。これはビジネスを進めるうえで大きなマイナスですし、こちらの精神的な負担にもなります。

仕事上のトラブルの多くは、意味の取り違えや行き違い、つまり読解力不足か

ONE POINT　そういうことを言っているんじゃないんだけど……という「意味の取り違え」によってトラブルが起きます。

らきていることに思い当たる人は多いのではないでしょうか。

昨今では、会社の枠を超えた異業種や同業他社の異質なメンバーとの協業も増えています。またビジネスのセミナーや、大企業内のコミュニケーションの一環として、異質なメンバーがチームとなってアイデアを出し合うといった機会も増えています。

そうしたときは、他の人が考えていることを察しながら、適切に言葉を発していかなければなりません。

これは、ただ気持ちを読み取って同調するということではなく、相手の感情を理解し、空気を読みながらも、自分の意見は伝えるということです。この、**その場その場に応じて必要な意味を素早くつかまえる**、それも読解力の一つです。

すでに世界は本格的なＡＩ（人工知能）時代に突入し、多くの仕事は機械に代替されつつあります。しかしＡＩはキーワードから正解を探すことは得意でも、文章の意味を理解し、記述式の問題に回答することは難しいといわれます。

つまり、この先も進化を続けるＡＩに追い越されることなく、人間としてのバリューをもち続けるためには、まず読解力を鍛えることがカギとなるのです。

▼名作古典を読んで、言葉への「感度」を上げる

読解力の上手なトレーニング法として一番おすすめなのが、活字を読むことです。なかでも効果的なのが「名作」の読書です。

物語が面白いというだけでなく、文章が優れていて、しかも生きるうえで大切なメッセージが数多く込められている。だから世代を超えて読む人に感動を与え、その結果、読み継がれていく本が名作といえます。

名作の多くはストーリー展開が複雑であり、場面にも、段落にも、文にも、さらには言葉一つひとつにまで意味が込められていることもあります。

そのよさを味わうためには作品を読み解くことが必要になり、たくさんの種類の名作を読めば、言葉への感度が磨かれます。その結果として「語彙《ごい》力」を効率的に増やすことができるのです。

読解力の根本は、どれだけ多くの言葉を深く理解していて、しかも適切に使いこなせるかという語彙力です。

昨今、大人の学び直しといった、生涯学び続けることの大切さが注目されてい

ONE POINT　要点を押さえながら会話ができるようになると、的確に物事の優先順位をつけられるようになります。

なってきます。

ますが、語彙を大量に仕入れて読解力を磨いていくことは、勉強するうえでの助けにもなってきます。

たとえば、英語の勉強であったとしても、読み手が試されているのは、「文意」を読み取る力です。**母語の読解力が低い人の外国語能力は、どうしても低くなります。**

英文翻訳の専門家である私の友人は、英語力以上に日本語力が重要で、日本語力があると、翻訳をしていく過程で誤訳を防ぐためのセンサーのようなものが働く、と話していました。訳していて「これは文脈に合わない」と誤訳に気づく。これは、意味が取れ、それが適切であるか判断する力ですから、読解力の一つといえるでしょう。

語学だけでなく、数学でも同じです。数学の問題を解くためには、式から式への変化がなぜそうなるのかを日本語で説明しながら話を進めていかなければなりません。

歴史も科学も、日本語ができればほとんどの知識が手に入ります。すべての学びにおいて、知識が自分のものになるかどうかは、母語である日本語でどれだけ意味が取れるかということにかかっているのです。

▼優れた100人のアウトプットから知性をいただく

では、読解力をつけるトレーニングとしての読書には、どのくらいの冊数が必要かといえば、**目安としては年間に100冊程度**です。1カ月で約8冊、週にすると約2冊になりますが、これは決して多い量ではないと私は考えています。その理由は、読めば読むほど読書のスピードとレベルが上がっていくからです。

私は、大学生に新書を1週間あたり5冊読むことを課すことがありますが、慣れるにしたがって、読むスピード、読解力の質を含めて読書のレベルが上がるため、100冊読んだときよりも、100冊読めた人が200冊に到達することのほうがたやすくなっていきます。

100冊の名著を読むことは、100人の偉大な知性を自分の味方につけるということです。本とは、筆者が一番大切な言葉で書き残してくれたものであり、読書という行為は、情報を得る以上に、豊かな人間性をもった他者との出会いの場なのです。

社会人になって本を読まなくなることは、優れた他者との出会いの機会が断たれていることを意味します。**そうした人の頭は、言語化ができておらず、粗雑になりやすい。**いわば、魂の成長が鈍っている状態に陥っています。

読書で優れた他者と出会い、言語能力を高めていくと、感情も安定します。

ONE POINT　読んで「泣ける、感動した」というだけじゃ名作ではありません。意味が多様に取れるのが名作の特徴です。

なぜかといえば、感情というのは反射のようなものですから、無理に抑えることは難しいものの、湧き上がってきた感情を「これ以上考えても仕方ない」というふうに、論理的に整理することができる。

これができるのとできないのとでは、物事のとらえ方、受け取り方が大きく変わってきます。知性によって、情緒も安定させることができるのです。

▼まずは「客観的な要約力」を身につけるのが大切

名作はさまざまな読み方、解釈ができるものです。しかしその大前提として、正しい読み方ができているかがとても重要になります。これは、国語のテストでよく問われる、「この文章には、何が書かれているのか」をつかまえる力にあたります。

文章の最も言いたいことを的確にとらえる能力、すなわち「要約力」こそ読解力の基本なのです。

一つの話を何人かで読み、各々がそれを要約するとき、読解力のある人の要約はどれもほとんど同じになりますが、読解力がない人の要約はバラバラになりがちです。どんな話だったかという客観的な部分を共有できないのです。

要約というのは、誰が読んだとしても、だいたい同じでなくてはなりません。ですから最低限必要なスキルとして、客観的な要約力を身につけなくてはならないのです。

そのうえで大人の読解力には、次のステップである「この話にはどういった意味が込められているのか」を読み解き、それについて自分はどう思うかを表現する、主観的なコメント力も必要になります。これは、小論文のテストで問われる、課題文の趣旨を理解し、それに対する自分の意見を書く力にあたります。

つまり、文章に対する客観的な理解と、それをふまえた主観的な読み解きができる、それが実用的な読解力がある人ということになります。

本を読んでいる人とそうではない人は、日常会話の質が違います。学生と話していると、その人が本を読んでいるかそうではないかということがすぐにわかります。

本を読んでいる人の話には脈絡があり、本を読んでいない人の話は脈絡なく進んでいくことが多い。その大きな違いのカギを握っているのが要約力です。

まったく脈絡のない話を延々とすることは、友人や家族と話す場合はいいとしても、それ以外の場では通用しません。社会人が、会話のなかで、相手の言った

ONE POINT　他の人の考えることがわかるうえで、人とはちょっと違う角度から見ることもできる、これぞ読解力の両輪です。

ことを断ち切り、脈絡もなく会話の流れを変えていったら、相手はびっくりするでしょう。これによって、社会性がない人と思われても仕方ありません。

では、脈絡のある話し方とはどんなものか。それは、会話のなかでまず相手の話しているることの要点をつかみ、その要点を前提として、自分の角度で話を切り返していくことです。つまり、先ほど述べた、文章を客観的に要約し、それをふまえて主観的にコメントする、文章を読み解く流れと同じです。

会話とは、木にたとえるなら、太い幹（言いたい中心的な主張）と、そこから伸びている細い枝葉（主張を説明したり、支えたりする部分）で成り立っています。話の幹をしっかりと押さえながら、より自然なかたちで伸ばしてつないでいく、それが会話によるコミュニケーションです。

そして、この幹をとらえる力は、読書を通じて要約力を鍛えることで向上していきます。会話は流れていってしまうのに対して、本の場合、ページを戻って話の要点を確認しやすいので、会話のためのトレーニングに適しているのです。

▼印をつけながら読むほうがインプットしやすい

このとき、私の基準では、**半分以上に目を通し、書かれている具体例を含めたかたちで内容が要約できるのであれば、その本は読んだとしても差し支えない**としています。小説の場合は、要約をすることだけが重要ではないので例外としても、新書や評論系の本であれば、それでいい。

その理由は２つあります。まず、要約できることを読んだことの条件とすれば、要約できるかどうかを自問しながら読むようになるため読書力が上がりますし、人から聞かれたときに本の内容を簡単に話せるようになれば、そうした際の役にも立てます。

次に、たとえば１００冊の本を買ったとき、読了できた本は20冊程度という場合もあります。でも、読了できなかった80冊からは何も得られなかったということはない。むしろ、読了していなくても要約できるくらい内容をつかめたのなら、問題はない。効率的な読書という視点からすれば、読書上手な人であるともいえます。

ONE POINT　自分がインプットしたものをわかりやすく再生できる力をつけるには、人に話してみるのが一番です。

ちなみに、私は本を読むとき、赤・青・緑の3色ボールペンで文章に傍線を引いています。参考書ならともかくとして、書籍に書き込む人は少数かもしれません。しかし、**本とは著者が全力を注いで書いたものであり、書き込むことは、自分をその本に関わらせることだ**、と私は考えています。

私の3色の使い分けは、赤色は本の趣旨から「非常に大事」、青色は「まあ大事」。ですから赤色の線をたどれば、本の基本的な要旨をつかむことができ、要約にも役立ちます。緑色は主観的に「面白い」と感じたところに引きます。

つまりこの色分けで、客観的要約力に必要な部分と、主観的コメント力に必要な部分の仕分けができるのです。

▼日本語の基礎力は翻訳書で鍛えられる

日本語は翻訳によって鍛えられてきた歴史があります。かつては漢文、さらに欧文の翻訳により日本語は磨かれたのです。そして現在の国語力というものは「翻訳文体がきちんと読めるかどうか」ということが非常に大きな要素になります。むしろ、翻訳文を読むことで国語力が鍛えられるともいえます。

日本人の書いたものであれば、日本語の感覚として何となく理解できてしまいます。

しかし翻訳となると、たとえば欧米の言語で書かれた文章を日本語に訳すにあたっては文の構造も異なり、**私たちの話し言葉とはかけ離れているので、きちんと論理をとらえる力が必要になります。**

英語の文章を日本語に翻訳するとき、英語の構造というものを理解して日本語にするためには、仕上がったものを本当にこなれた日本語にするまでにもう1、2段階の作業が必要になります。その、こなれる前の文体がいわゆる翻訳文体ですが、これを読んで理解することが、おおいに国語力を鍛えることになります。

私たちが日常普通に日本語で読み書きをしている作業には、負荷がかかりません。

それに対して、言っていることが難しそうでもきちんと筋が通っている海外の知的な文章を、少し理解しづらい翻訳文を通して読み進める作業には、大きな負荷がかかります。

「翻訳文を読むことが苦手」だという人は、解読に負荷がかかることがつらいと思うわけで、「もっとこなれた日本語にしてほしい」という気持ちもわかります。

しかし、翻訳調の文体を読み解くことは、訳文がこなれていないだけに、山道を

ONE POINT　客観的に最重要なものは赤、まあ大事なものは青、主観的に面白いと感じたものには緑で、本にマークをつけましょう。

クロスカントリースキーで走行するトレーニングのようなものです。

こなれていない翻訳を出さざるをえないほど原著が難解である、あるいは少し古い時代の翻訳であまりこなれていない、そうした文章を読むことで足腰を鍛えるのです。

さらに上級編としては、翻訳文体を見ながら「原文はこうなのではないか」と推測するといった、翻訳の内容を自分でフォローしながら読むことも可能になってきます。

▼一見難しい日本語とどう向き合うか？

高度に知的な内容を、ていねいに記述したためにわかりにくくなるのは致し方ないことです。たとえば、フランスの思想家ミシェル・フーコーの言っていることを理解するには、前提となる知識と、語彙力があることが必要になります。

以下は、フーコーの『監獄の誕生』からの引用です。ポイントは、監視の視線が権力ということです。囚人からは監視員が見えず、監視員は囚人を観察できる仕組みへと、監獄における刑罰の様式が変わったことで、新しい権力作用が出現したとフーコーは指摘します。

〈一望監視装置〉は、見る＝見られるという一対の事態を切離す機械仕掛であって、その円周状の建物の内部では人は完全に見られるが、けっして見るわけにはいかず、中央部の塔のなかからは人はいっさいを見るが、けっして見られはしないのである。

これは重要な装置だ、なぜならそれは権力を自動的なものにし、権力を没個人化するからである。（中略）

つまり可視性の領域を押しつけられ、その事態を承知する者（つまり被拘《こう》留《りゆう》者《しや》）は、みずから権力による強制に責任をもち、自発的にその強制を自分自身へ働かせる。しかもそこでは自分が同時に二役を演じる権力的関係を自分に組込んで、自分がみずからの服従強制の本源になる。

『監獄の誕生』（訳・田村俶《はじめ》、新潮社）

読み手としては、ここで、「機械仕掛」を「人間がいなくても機能するもの、という意味」と読み解く。「権力を没個人化」を、「権力というのは、通常は一人の人格が別の人格を抑えつけるということだが、ここでは個人は関係なく、むしろシステムが権力なのだな」と読む。そうすれば、「機械仕掛」とは権力の没個人化を意味するということが理解できるはずです。

ONE POINT　翻訳本こそ精読の極まったものといえるでしょう。相当注意深く読むことが要求されます。

そして「見る＝見られるという一対の事態」は、一対であるはずのものが片方からしかない（中央部からは囚人が見えるが、囚人からは見えない）ことがアンバランスであると言っています。

注意しなければならないのは、「つまり可視性の領域を押しつけられ、その事態を承知する者（つまり被拘留者）は、みずから権力による強制に責任をもち、自発的にその強制を自分自身へ働かせる」というところです。**これは非の打ちどころのない日本語であり、意味を伝えるにあたって過不足のない表現です。**

ていねいできちんとした翻訳の場合は、原文を崩すことなく正確に訳そうとしているわけです。ですから、この文章の「意味がわからない」なら、それは読み手が読解力に欠けている、あるいはこの本を読む水準に達していないということになります。

話を引用文に戻しましょう。「可視性の領域を押しつけられ」とはこの場合、「見られるばかりの弱い立場を押しつけられてしまっている」ことで、そこに強制力を感じることができます。

「みずから権力による強制に責任をもち」というのは、それを受け入れてしまい、見られているということを自分のなかで内在化させてしまって、本当は他人から見られているのに、相手が個人としてよく見えないので、だんだん自分で自分を監視するようになること。

「二役を演じる」というのは、囚人は、見られる自分と自分を監視する自分の二役を演じるということです。そこで権力関係を自分に組み込むということが起きてしまう、ということが理解できるわけです。

また、「自分がみずからの服従強制の本源になる」と言われて思い当たる人は少ないと思います。服従というのは、本来は人から「お前がこれをやれ」と強制されることです。それに対して自分が自分を監視するようになる、自分に対する強制を行なうようになる。フーコーは作中でそれを「自発的服従」と表現しています。

このように、**さまざまな言葉を交互につなぎ合わせていくことによって、理解していくのが大人の国語力です。**

▼ていねいに読んでいけば「わかる」喜びがある

『監獄の誕生』は権力批判の本なのです。監視という「誰かを見る」視線、その視線こそが権力だと言っているわけですね。たとえば経営者が職場で全従業員を

ONE POINT　翻訳本を読んでいて気に入った部分は、たとえ一段落でも原文を読んでみるとインプットに格段の差が出ます。

カメラで録画し続けていると、うかつに手を抜くことも、無駄話もできない。経営者の側はとくに何も強制していなくても、カメラがあるというだけで従業員は自分自身を監視するようになっていく、こういったことが一番の権力の恐ろしいかたちなのだ、と。

悪い王様が治めているといったわかりやすいかたちではなく、カメラによって監視されているシステムでは、権力が没個人化する。そのように説明を聞けば、誰でもその事態を理解できるでしょう。

フーコーがこういうあり方をていねいに説明した背景には、19世紀の監獄の変化があります。

作中で紹介されているイギリスの思想家ベンサムの構想によるパノプティコン（一望監視システム）という監獄の建築様式では、円形の建築物の中心部に監視塔が置かれ、円周状に独房が配置されています。囚人からは監視員が見えず、監視員は囚人を観察できる仕組みになっており、囚人は常に監視されていることを強く意識せざるをえません。フーコーは監獄における刑罰の様式が変わったことで、新しいミクロな権力作用が出現したとはじめて説明したのです。

このような非常に意味のあることを、「難解で意味のないもの」と一緒にしてはなりません。納得できるわかりやすさ、難解さ、というものがあるのです。

ていねいに読んで理解したうえで、文章に戻ってもう一度読むと、翻訳文がまさに正確だったということがわかる。わかったあとにスッキリする、これが、よい国語です。

つまり、この翻訳文は、難しそうに見えますがよい翻訳文である、ということになります。曖昧《あいまい》なところがなく、意味がきちんと伝わる。わかりやすい暴力のような権力ではなく、監視のような微細な状態になって、私たちの身体のなかに入り込んでしまう権力というものを批判しているのです。それを理解すれば、フーコーのほかの本も理解しやすくなります。

このように、翻訳文を読むことで「意味をとらえる力」を鍛えるには、著者がそこに込めた意味を、翻訳を通してきちんと受け取ること。まず、フーコーのフランス語力を信じ、翻訳者がフランス語から日本語に置き換えるときの能力もまずは信じることが必要です。

翻訳者が意味を曖昧にしたまま翻訳したものでなければ、このように信頼して

ONE POINT　教養の基本とされているものを知らないのでは、教養の程度だけでなく、人格までが疑われかねません。

一見難しい日本語でも、バリバリと噛《か》み砕くことができるのです。

読むとちゃんとわかります。難解な翻訳で、日本語力の顎《あご》を鍛える。強い顎をもてば、

▼A↓B、A↕Bをつかみ取る

読解力のトレーニングとして、もう一つ私がおすすめしているのが「AB読書法」です。これは、本のなかでいろいろなことを比較しながら読み進める方法です。

物語には話が次に展開する、変化がつきものです。**この変化に注目すれば、内容が整理され、話の理解がしやすくなるだけでなく、その物語の深い部分で読み解きがしやすくなってきます。**

たとえば登場人物の性格、気持ち、物語そのものの変化など、AからBに変わったという2つのものについて比較し、変化を見つけます。

AからBに変わったのであれば、AとBの箇所をマルで囲んでAからBへ「↓」を伸ばし、前後でどう変わったのかと比較してみます。

AとBの状況が正反対になったのであれば、AとBを「↕」で結んで比べる。そしてその変化が起こった場面を探しあて、本に書き込みます。一見複雑に見える評論文も、だいたいこれで整理できてしまうものなのです。

慣れてくれば、微妙な変化にも気づけるようになります。変化のきっかけとなる言葉がわかると、物語にはまるで建築物のように、いろいろな柱がはりめぐらされていることに気がつくでしょう。

このAB読書法は、読書以外でも活用できます。物事を整理してAとBにとりあえず分ける、そのときの状況のなかで、Aのなかの小さな変化、もしくはAとBとの類似点に気づく、といった方法は社会生活でも活《い》かせるのです。

▼文脈力があれば会話で迷子にならない

相手と自分の話が絡み合い、一つの文脈が生み出されていくことで話が次に展開していくとき、その人にはコミュニケーション力があるといえます。

つまり、コミュニケーション力とは、一言でいえば「文脈力」なのです。文脈力は私の造語ですが、文字通り、文脈を的確につかまえる力のことです。

言いたいことが飛躍し、何を言っているのかわからない文章には文脈力はありません。それに対して、文脈力のある書き手の文章は、一文一文それぞれがつながりをもって展開するので、それが一冊の本となったときには、「意味の織物」のような仕上がりになります。

ONE POINT　かなり難しい本でも、AとBを見つけて比較と変化の様子を追っていけば、ほとんどの本は読み解くことができます。

その人に文脈力があるかどうかの基準は、会話でも明らかになります。

会話は、たとえると川の流れのようなものです。まず水源があり、流れていくうちに川幅が広くなり、支流に分かれていきます。しかし話の文脈とは別に、話のなかでふと出てきた言葉が脳のなかで別の言葉やイメージにつながるため、それを口に出すことで話がズレていきます。

このようなことが原因で「何を話していたのでしたっけ?」と、**会話のなかで迷子のような状態になったとき、戻ることができるのが、文脈力のある人です。**

話が支流に分岐していくとき、その分岐点には、必ず目印となる言葉があります。会話で迷子になったら、分岐点になった言葉を手がかりに、支流から本流へと戻る。そのルートもまだ支流なら、源流にさかのぼってもう一つ前の分岐点に戻る。そうしたことを意識的に繰り返して、会話の本流に立ち戻るのです。

「文脈力」という概念を理解してもらうために、私は授業やセミナーであえて話を次々に展開し、どこから話がそれたのか、どこまで戻るべきかについて、学生や参加者に対して聞きます。すると、だいたい20%の人はその戻るべき地点、つまり、本来話すはずだったが、そこから話が別の支流にそれてしまったところを明確に指摘できます。

文脈力のある人は話の分岐点を逆にたどれるので、会話の迷子になることはほとんどありません。対照的に文脈力の足りない人は、迷子になると戻れないか、迷子になったことに気づくことすらできません。

▼文脈を外してしまう人の悪癖

会話における文脈は2つあります。まず、**自分の言っていることに脈絡や一貫性があるかどうか。**次に、**自分と相手の発言がきちんと絡み合っているかどうか**です。

一つひとつの話に意味やまとまりがないこと自体も問題ですが、話題と話題の間に脈絡がない、これは文脈力の欠如です。

ここでは、「文脈力が相当低い人」の特徴を示していきたいと思います。

❶「ていうか」

「ていうか」という言葉は、本来の「というよりは……じゃないか」を意味するところから、いまでは話題を突然、脈絡なく変えるときの便利な言葉として用いられているようです。

ONE POINT　文脈力のあるなしをはっきりさせる基準は、会話の迷子になったとき、しっかりと戻ることができるかどうかです。

私が間近で聞いたことがある、10代の女子学生の「ていうか」を連発する会話、それはある意味で非常に見事なものでした。それまでの会話の流れと無関係なことを突然話しはじめる、お互いに言いたいことだけをいう。それは完全に友達同士で共有されているルールのようでしたので、その範囲ではとくに問題はありません。

全員が、自分の話したいことを話すほうを優先する「ていうか」の多用は、友達と一緒にいる限られた時間内に、お互いに言いたいことを効率的に言うやり方として、それなりに役立つのでしょう。しかしここで気をつけなければならないのは、「ていうか」の使用はクセになり、無意識に出てくるということです。

誰もが自分の話をしたいから、つい相手の話を端折《はしょ》りたくなる。しかし、**「ていうか」の乱用で会話の流れを断ち切ることは、会話によって相手と自分との間にできるはずの文脈を軽視、ないしは無視するものです。**

話をしていて、「ていうか」、「ていうか」と、それまでの話の文脈とはあまりにもかけ離れた話題が次々と出てきたなら、相手は不審に思います。

最も深刻なのは、自分のそうした文脈のズレにそもそも気がつかず、会話の相手がいかに不信感を抱いているかを、感じ取ることすらできずに「ていうか」を繰り返す人でしょう。

❷「全然話は変わるんだけど……」

「全然話は変わるんだけど……」という言葉づかいは、話題が変わることを意識しているという点では、「ていうか」を連発する人よりはまだよいとしても、これも会話ではなるべく避けたい表現です。

車の運転にたとえるなら、突然急ブレーキを踏んで方向転換をするようなもので、相手にとっては、それまでの会話の流れを一方的に断ち切られ、不快感が残ります。

会話は、薄っぺらでもいいので、とにかくつながっていることが大事です。突然「話は変わりますが」とならないように、「AといえばB」、「BといえばC」というように、会話のなかに文脈を見いだし、つないでいく。そのつなぐ力が文脈力なのです。

私は文脈力の訓練として、学生たちに「～といえば」で、ひたすら話をつないでもらう、ということをしています。そのように、少しずつ話題をずらして、気がつかないうちに自分の話したい本題に入っている、というのが望ましい会話の進め方です。

ONE POINT　とりとめもないおしゃべりで磨かれるのは「雑談力」。文脈力を磨くトレーニングにはなりません。

❸「逆にいえば」

「逆にいえば」はリスクのある言葉です。本来は、議論が行き詰まってきたときなどに、視点を転換するような発言の前置きとして使われるため、他の人が深く納得するような斬新《ざんしん》な意見が続くことが期待されます。

にもかかわらず、**「逆にいえば」を口癖にしている人の多くは、話を逆接でなくむしろ順接でつなげていたりする。**意味のない「逆にいえば」は、会話の相手の気分を害していると自覚したほうがいいでしょう。

「逆にいえば」を無意識に使ってしまうことの背景としては、自分が会話の主導権を握りたい、他人とちょっと違うことが言える自分をアピールしたいといった自己顕示欲があるからだと考えられます。

この口癖を直すためには、逆接的なものの言い方全般を避けることですが、まずは「逆」という言葉だけでも控えるといいでしょう。「角度を変えて見れば」くらいのほうが無難かもしれません。

同様に、いままで述べてきたことの要約であるはずの「要するに～」が何も要約していない。よくいうところの、という意味の「いわゆる～」の用法が誤用されている例も非常に多く見受けられます。

これらの言葉は、よほど確信がないかぎり、使用を控え気味にしたほうがいいでしょう。

❹「でも」

「でも」という言葉は、通常の場合、相手のそれまでの話を一応肯定しながら、改めて相反することを言うときに使う接続詞です。ところが、最近は「でも」という言葉のあと、逆接を必要としない、まったく脈絡のない話を続ける人が増えています。

自分の話に対して突然「でも」と切り返されたら、人は身構えてしまいます。**会話に逆接の接続詞は要らない、これが私の考えです。**日常会話では、「でも」といった逆接の接続詞をわざわざ使わなくとも、言いたいことを伝えることができます。

たとえば、「僕は、ロシア文学なら、ドストエフスキーが好きだな」と言ったとき、「でも、ロシア文学といえばチェーホフじゃないですか?」と返されると、否定された気分になります。しかしここで「そうですね。私はチェーホフも好きです」と返すことができたら、会話はつながり、話が弾んでいく可能性も出てく

ONE POINT　「話の腰を折る」のはよくない話しグセ。相手はまちがいなく不愉快になります。

るのです。

会話を逆接で受けるということは、相手を否定していることだと気がつかなくてはなりません。反対の意見を述べたいなら、あからさまに否定しなくても、「こういう考え方もできる」という言い方もできます。相手の言葉を受け止めてから、ずらしていけばいいのです。

とくに日本語は、意思表示を曖昧にしたままニュアンスで伝えるのに適した言語ですから、工夫次第でいろいろな言い方ができるはずです。

人が話しているときに、話題を突然変えるのは、基本的に行なってはいけないことです。しかし、会話では話題が少しずつ変わっていくもので、それが自然な流れなら、「でも」と、わざわざ断りを入れなくていいのです。

心地よい会話ができる人は、話のつながりはずっと持続させながら、少しずつ話題をずらしていきます。このように、「沿いつつずらす」ことが大切なのです。

▼相手の話を広げ、推進させるテク

「沿いつつずらす」、これはコミュニケーションの基本です。

たとえば会話なら、相手の話を聞きながら同じ方向に移動し、２人の会話の勢いが同じくらいになってきたところで、方向性を少しずらします。これは、**自分の有利な方向に話を誘導するということではなく**、**話をよりダイナミックに展開していく**ということです。会話のなかで、これをお互いに行なっていくと話が堂々巡りにならなくなります。

ここで大切なのは、はじめから話の流れを「ずらそう、ずらそう」とするのではなく、まずは会話の流れにきちんと沿いながら自然な展開を探るということです。

相手の話に沿うために役立つのが要約力です。**ただ聞いているだけでなく、相手が話し終わったときに、上手に「つまり～ということですね」と軽くまとめます。**その要約が的を外していなかったなら、相手は、話が伝わったことを感じるでしょう。

ただ、常に話の本質だけを押さえようとして話すと、話は自然と単調になってくるものです。話の文脈をしっかりと押さえられるなら、それを意識的に外すこともできるようになってきます。そこで、**「それと似た話で」**、**「いまの話で思い出しましたが」**とあえて少しずらした具体的な話を挟むと、会話に味わいが出

ONE POINT　相手の経験世界と自分の経験世界を絡み合わせ、一つの文脈を作り上げていかなければ、会話力向上にはつながりません。

ます。

文脈をしっかり把握していれば、会話の幹の部分だけでなく、枝葉の部分も楽しめるようになるのです。

▼「たとえば～ということですね」で会話をつなぐ

会話とは、共通理解を積み重ねる作業であるといえます。相手の言ったことに対して、「理解した」というメッセージを発する。その積み重ねによって、会話のリズムはよくなります。お互いに盛り上がり、話がさらに新しい方向へ発展していくのです。

「理解していますよ」というメッセージは、たとえば、相手の言葉をオウム返しにするだけでも伝わり、会話は滑《なめ》らかになります。そのうえ、相手の言ったことを自分の言葉に置き換えて示せる「言い換え力」があれば、しっかりと理解していることがよりはっきり相手に伝わります。

この「言い換え力」のトレーニング方法としては、**抽象度の高い言葉を具体的にわかりやすく、嚙《か》み砕いて言い換えてみる。**

相手が抽象度の高い話をしたあとには、「たとえば～ということですね」というように、具体例を挙げて会話をつないでいきます。相手が具体例を挙げれば、少し抽象度の高い言葉で言い換えてみます。

具体化と抽象化の往復は、実にさまざまな会話のバリエーションになります。こうしたことまで意識して話している人は少ないので、会話における具体化と抽象化の方向性の感覚を身につけるだけでも、話し上手な人になっていけるでしょう。

▼話し上手な人はみな、メモとり魔である

相手がつなぐことができていないことを、こちらがつなぎながら会話を進める、そんな気が利いたことをスムーズに行なうためには、会話中にメモを取る習慣が欠かせません。

私自身も、たとえ短い会話であっても簡単なメモを取ります。自分がインタビューされる側であっても、メモを取りながら話をします。

メモの効果は、自分がこれから話す可能性のあることがらを、とりあえずキーワードとして可視化し、マッピングすることで、言い忘れを減らせることです。

対話の際には、自分が相手にしたい質問をメモしておきます。そうすると、長

ONE POINT　相手の言った言葉を自分の言葉で言い換えることで、対話が無駄になっていないことを相手に示すことができます。

い間《ま》をつくることなく、話を展開していくことができます。間ができたら、質問をすればいいからです。整理のため、ときには図にすることもあります。

自分がおもに話す状況であっても、メモが欠かせないのには理由があります。話しているときに、ふと、今話しているのとは別のルートに展開していく話が思い浮かぶのはよくあることです。しかし、すぐさまそれを話しはじめて、会話の文脈を断ち切るわけにはいかない。そこで、とりあえずメモを残し、現在の文脈の話を終わらせたあとで、そちらに話題を展開できるようであれば、メモしておいた話題に自然なかたちで移行します。

会話での話の文脈を絡める方法としても、メモは必要です。まず、相手の言葉のキーワードをメモして、それによって触発された自分の経験についても記しておきます。あとは、話の文脈に合うものを選び、つながるように話題を展開します。

会話中ということもありますので、メモの内容は、キーワードを書き記すだけで十分ですが、ポイントとなるのは、**とくに話の分岐点になりそうな言葉を書き漏らさないこと**です。

このとき、川が支流へと分かれていくことをイメージしながら、キーワードからキーワードへ矢印を結び、話の展開や流れを図化して、あたかもマップのようにしておきます。文脈力のある人は、この図を頭のなかでつくって話していますが、それをカタチとして残していくということです。

このメモをする力も、読書を通じて鍛えられます。離れた段落のなかに脈絡を探す練習が、メモ力を鍛えるのです。

読書中に、「これは、たしか前のほうでも出てきたはずだ」と気がついたら、ページをさかのぼって探し、該当箇所に線を引いたり丸印で囲んだりしておく。さらに、あとで大事になりそうなところだと感じる箇所についても、読み進めながら本に書き込むなどしていくといいでしょう。

ONE POINT　相手の言葉や質問をメモすることによって、話がどんどん脇道に逸れていっても、うまく着地ができます。

第2章

文章力アップの技法

書き言葉で話す力を身につけよう

私は、時間にして90分程度の講演をすることが多いのですが、聴衆を前に話しているときは、頭のなかに、言葉を高速でキーボード入力しているイメージが浮かんでいます。

それは、主語に対して述語がきちんと対応しているか、というチェックであり、いまの話題が次の話にどういうふうにつながっていくか、といった文章構成、章立てや節立てといったもので、これはまさに文章を書いているのと同じ状態です。

このイメージがきちんと機能してくると、ライブ感覚を優先し、あえて本筋から離れた話題に寄り道するという余裕も出てきます。

私はこれまで、論文を大量に書くトレーニングを重ねてきましたが、文章を書く力をつけるということは、同時に考える力がつくことであり、それは聴衆に聞いてもらえる、きちんと構成されて意味のある話ができるようになることにもつながります。

ときおり、「話すように書け」という論を見受けますが、私は「書き言葉で話せ」という課題のほうに意味があると考えています。

本を多く読み、その豊富な経験を自分のなかに蓄えて本まで書いているような人が、一般に向けて「話すように書け」と言うことに説得力はありません。**もともとの話し言葉に語彙《ごい》のない人がそのまま文章を書いても、それは意味のないチャット（おしゃべり）にしかならない**からです。

卓球やテニスでは、ラケットを持った手の側に来たボールを打つフォアハンドはある程度の運動神経があれば打つことができますが、ラケットを持つ手の反対側へ来たボールを打つバックハンドとなると、習わないとしっかり打てるようになりません。

話し言葉とはフォアハンドのようなもので、自己流でもできるようになります。しかし、書き言葉はバックハンドのようなもので、意識的な練習を経なければ、使える技にはなりません。

つまり、部活などで卓球やテニスの練習をして技を習得するのと同じように、読書をたくさん経験することで書き言葉が身につき、それは、自分が文章を書くときはもちろん、話すときにもその書き言葉が活《い》かされるようになるのです。

ONE POINT　話す内容の「意味の含有率」を高める一番いい方法は、読書で書き言葉の語彙を増やすこと、文章を数多く書くことです。

▼話し言葉だけでは語彙力は鍛えられない

文章を書くように話すことを意識するためには、読書を通じて語彙を増やし、自分のものにしていく必要があります。たとえば、

子《し》の曰《のたま》わく、吾《わ》れ十有五《じゅうゆうご》にして学《がく》に志《こころざ》す。三十《さんじゅう》にして立《た》つ。四十《しじゅう》にして惑《まど》わず。五十《ごじゅう》にして天命《てんめい》を知《し》る。六十《ろくじゅう》にして耳順《みみした》がう。七十《しちじゅう》にして心《こころ》の欲《ほっ》する所《ところ》に従《したが》って、矩《のり》を踰《こ》えず。

『論語《ろんご》』為政《いせい》第二 4（岩波文庫）

このように『論語』を読む習慣があると、文語体が口をついて出てきます。かつての日本の文化人は、話をするときは口語であっても必要があれば準文語体で語ることもできる、文語体で書くこともできるというふうに、書き言葉と話し言葉を駆使《くし》し、使い分けていました。

現代においても、書き言葉と話し言葉は言葉づかいが違います。話し言葉をそのままSNSで投稿した場合は、とくに問題はありません。しかしもし、反省文や報告文を話

し言葉で書いたとしたら「一体どうしたんだ」と思われてしまうでしょう。
たとえば最近、話し言葉で「真逆」という言葉をよく聞きますが、私自身は違和感があるのでとくに書き言葉としては使わないようにしています。口語であれば流行《はや》りの言葉の一つとして受け入れられますが、文章では「正反対」というべきで、使うべきではないのではないかという印象を受けます。

自分のなかで「これは文章で使う言葉として適切なのか」という疑問が浮かんだとき、**読書を通じてたくさんの言葉が自分のものになっていれば、書き言葉に対する基準ができています。**読むという行為と書くという行為は、そういう意味でも直結しています。

哲学者カール・ポパーは、「科学とは反証可能性のあるものだ」と言っています。科学理論の客観性を保証するためには、その仮説が反証される可能性がなければなりません。この「反証可能性」という言葉が自分のものになることによって、たとえばある意見について「この意見には反証可能性があるだろうか」という視点がもてます。

私たちは基本的に、自分の頭のなかにストックされた言葉で物事を考えます。

ONE POINT　語彙を身につけるには、その言葉が含まれる文章ごと文脈とセットで覚えるほうが誤用が少なくなります。

つまり、語彙が少ないということは、思考する広さも深さも浅いということであり、書くときもしゃべるときも、思考が単純なままになってしまうのです。

読書をする人だけが使えるボキャブラリー

読書をしているか、していないかは、会話のなかでその人の話している言葉が、正しい文章になっているかどうかという点にあらわれます。

読書をしていない人の話し方は、単語を並べていくだけ、文章の主語と述語がつながらない、文章の始まりと終わりに一貫性がない、といった傾向があります。

読書の効用は、読書量が多い人ほど漢語の文脈を使いこなせるということからも明らかです。たとえば、「本質的という抽象的・一般的な印象を与えるが、本質的かつ具体的なものというのは存在する」という言い方は、読書をする人にしかできません。こうした漢語的な表現は日常会話ではほとんど得られないものであり、読書を通じて書き言葉に触れることで鍛えられるものです。

日常会話で自然に使いこなすことが多い大和《やまと》言葉に対して、難しい漢語は堅苦しい感じを与えるからか、頻繁には出てきません。しかも、漢語は使い方を間違えると、あたかも高尚なことを言っているように見えながら、中身はあまり意味がないといったことになりがちです。
しかし、**自分の感覚とぴったり合う言葉として選び抜いて用いるなら、漢語は自分の思考を伝える強力な武器になるのです。**

書き言葉を話し言葉に活かす訓練としては、文語体の表現をうまく使いこなすということがあります。

たとえば「終わりのない旅」と「終わりなき旅」では、後者のほうが、引き締まっていて、ある種のかっこよさがそこにあるように感じられます。しかしそれだけに、それを言っている人間の知性と教養や、指している旅そのものの内容のスケールが小さく、それほどでもないものであれば、この表現はむしろ大げさで、失笑を買うものになりかねません。このように、文語体の効果的な活用は、意識的な練習を通して身につくのです。

書き言葉が意識に与える効果とは、状況からいったん身を引き離す、距離感が身につくことです。**書き言葉を使いこなせると、客観的にとらえる視点をもちやすくなる。**それが、読書で身につくことの重要な効果の一つです。近づくことと離れることが自在にできることで、コミュニケーションは円滑になります。

ONE POINT　書き言葉をまったく修練していないと、論理を踏まえたキレのよい話し方はできにくいものです。

▼講演の名手、夏目漱石の日本語をマスターする

話し言葉を的確な国語力で表現している日本の代表的な作品として、私は夏目漱石《なつめそうせき》の『私の個人主義』を挙げます。これは、大正3（1914）年、学習院大学で行なわれた漱石の講演を書き起こした内容です。

この講演には、漱石の人間性がよくあらわれています。素晴らしい内容で、私も何度読んだかわかりません。そして本作を大学生に紹介すると、卒業後「仕事でもこの内容が支えになりました」という感想をもらうことが多いのです。

教師になってみたものの自分の本領が見つからずに右往左往した過去を、漱石は次のように振り返っていきます。

腹の中は常に空虚でした。空虚ならいっそ思い切りが好かったかも知れませんが、何だか不愉快な煮《に》え切らない漠然たるものが、至る所に潜んでいるようで堪まらないのです。（中略）

私は始終中腰《ちゅうごし》で隙があったら、自分の本領へ飛び移ろう飛び移ろうとのみ思っ

ていたのですが、さてその本領というのがあるようで、無いようで、どこを向いても、思い切ってやっと飛び移れないのです。（中略）

あたかも嚢《ふくろ》の中に詰められて出る事の出来ない人のような気持がするのです。私は私の手にただ一本の錐《きり》さえあればどこか一ヵ所突き破って見せるのだがと、焦燥《あせ》り抜いたのですが、あいにくその錐は人から与えられる事もなく、また自分で発見するわけにも行かず、ただ腹の底ではこの先自分はどうなるだろうと思って、人知れず陰鬱《いんうつ》な日を送ったのであります。

『私の個人主義』（講談社学術文庫）

自分は職業としての教師にちっとも興味をもてなかった。終始中腰でまごまごしていて、隙があったら〈自分の本領〉に飛び移ろうと思っていた。ところが本領へ飛び移ろうにも、自分の本領があるようでないようで、どっちを向いても思い切って飛び移れない。いつの間にか、袋のなかに閉じ込められて出るに出られない状態になってしまった。一本の錐さえあれば、一ヵ所を突き破ることができるのに……。そんな中途半端な状態のままで留学し、漱石は神経衰弱にかかってしまいます。

ONE POINT　夏目漱石の文章は漢字と平仮名のバランスが整っているし、漢熟語の難易度もちょうどいいのです。

そして、ロンドンの下宿で悶々《もんもん》としているときに、漱石は、いままでの自分はまったくの〈他人本位〉で、根のない浮草のようにそこいらをデタラメに漂っているから駄目だったのだ、ということに気づいたのです。

> 私はこの自己本位という言葉を自分の手に握ってから大変強くなりました。彼ら何者ぞやと気概が出ました。今まで茫然と自失していた私に、ここに立って、この道からこう行かなければならないと指図をしてくれたものは実にこの自己本位の四字なのであります。(中略)
>
> 比喩《ひゆ》で申すと、私は多年の間懊悩《おうのう》した結果ようやく自分の鶴嘴《つるはし》をがちりと鉱脈に掘り当てたような気がしたのです。

簡単にいうと、悩み抜いたあげく「自分の好きなように書くぞ」と決意をしたわけです。ここから漱石の諸作品が生まれていきます。

> もし私の通ったような道を通り過ぎた後なら致し方もないが、もしどこかにこだわりがあるなら、それを踏潰《ふみつぶ》すまで進まなければ駄目ですよ。――もっとも進んだ

ってどう進んで好いか解《わか》らないのだから、何かに打《ぶ》つかる所まで行くより外《ほか》に仕方がないのです。私は忠告がましい事を貴方《あなた》がたに強いる気はまるでありませんが、それが将来貴方がたの幸福の一つになるかも知れないと思うと黙っていられなくなるのです。

漱石の「どうしても伝えたい」という気持ちが伝わってきます。素晴らしい精神の高さであり国語力の高さです。**自分の思っていることが話し言葉でも的確に表現されています。**このように、漱石は講演の名手でもあったのです。

▼『福翁自伝』で、より深く、厚みのあるインプット

話し言葉を的確な国語力で表現している日本の代表的な作品としては、福沢諭吉《ふくざわゆきち》の『福翁自伝《ふくおうじでん》』も欠かせません。**本作は諭吉が速記者を前にして60年の生涯を口述し、さらに筆を入れていますが、実に見事な日本語です。**

『福翁自伝』には「門閥《もんばつ》制度は親の敵《かたき》で御座《ござ》る」という一文が出てきます。諭吉が幼少のころに亡くなった父、福沢百助《ひゃくすけ》は下級武士で、成果が報われることなく一生を終えました。門閥制度では身分が固定されてしまうため、百助は、息

ONE POINT　『坊っちゃん』を声に出して読み、意味と一緒に文章をまるまるインプットするのも効果絶大です。

子が身分制度から離れて名を成すことができる僧侶にしようと考えていました。その父親の愛情の深さへの想いと、門閥制度に対する憤《いきどお》りで、諭吉は一人泣くことがあったといいます。意味と感情が一体となった見事な話し言葉です。

門閥制度は親の敵　こんなことを思えば、父の生涯、四十五年のその間、封建制度に束縛せられて何事も出来ず、空《むな》しく不平を呑《の》んで世を去りたるこそ遺憾《いかん》なれ。また初生児《しょせいじ》の行末《ゆくすえ》を謀《はか》り、これを坊主にしても名を成さしめんとまでに決心したるその心中の苦しさ、その愛情の深き、私は毎度このことを思い出し、封建の門閥制度を憤ると共に、亡父《ぼうふ》の心事を察して独《ひと》り泣くことがあります。私のために門閥制度は親の敵《かたき》で御座《ござ》る。

『新訂　福翁自伝』（岩波文庫）

諭吉はまず大阪の有名な蘭学《らんがく》塾である緒方洪庵《おがたこうあん》の適塾《てきじゅく》で猛勉強して、オランダの学術文化を中心としたヨーロッパの学問を身につけます。

あるとき枕を探すのだが枕は見つからない、これまで枕をして寝ることがなかったのだとはじめて気がついた、という、すさまじい勉強ぶりも語られています。

兄の家来が一人《ひとり》あるその家来に、ただの枕をしてみたいから持って来いと言ったが、枕がない、どんなに捜してもないと言うので、不図《ふと》思い付いた。これまで倉屋敷に一年ばかり居たが、ついぞ枕をしたことがない、というのは、時は何時《なんどき》でも構わぬ、殆《ほと》んど昼夜《ちゅうや》の区別はない、日が暮れたからといって寝ようとも思わず、頻《しき》りに書を読んでいる。読書に草臥《くたび》れ眠くなって来れば、机の上に突っ臥《ぶ》して眠るか、あるいは床《とこ》の間《ま》の床側《とこぶち》を枕にして眠るか、ついぞ本当に蒲団《ふとん》を敷いて夜具《やぐ》を掛けて枕をして寝るなどということは、ただの一度もしたことがない。その時に初めて自分で気が付いて、「なるほど枕はない筈《はず》だ、これまで枕をして寝たことがなかったから」と初めて気が付きました。

当時の生活ぶりが的確な日本語で描かれた、こんなに生き生きとした本はなかなかありません。

福沢の口調がとても面白いとともに、これを読めば、日本語というのはあらゆることを表現するのに不自由はなく、そして非常に豊かな表現力をもった言葉な

ONE POINT　知性のある語彙を磨きたいなら『福翁自伝』。豊かな言語の素養をベースにした上手な語りの文体です。

のだということもわかります。

▼ 4000字以上の文章を難なく書くワザ

まとまった量の文章を書くのが苦手な人に対して「文章力が足りない」という言葉が使われることがあります。

しかし、私なら「文脈力が足りない」と表現します。

文脈力、つまり思考をつなげて織物のように織りなしていく力があるかないかは、文章を書くうえで最も重要な分かれ目であり、個々の文章表現がうまい・ヘタということ以前の問題です。

私は学生たちに、400字詰め原稿用紙で10枚以上のレポートを書かせていますが、その意図は、文脈力をつけることにあります。**4000字以上の文章となると、勢いだけで走り切るには少々長く、文章の内容を構築していく必要があるからです。**

ある程度以上の長さのまとまった文章を書くには、それ相応の体力と知力が必要とされます。走る能力が、長い距離をこなすことで鍛えられていくように、書くことも、実際に書くトレーニングを重ねることによって鍛えられていくのです。

文章の構築を行なう具体的な方法としては、事前にメモをつくり、どのような順序で論を進めるかを考えていきます。

まず、自分の頭のなかにある、書くための材料と、その関連事項をすべてメモとして書き出します。自分が面白いと思うもの、重要だと思うものが何なのかをはっきりさせるのです。この作業をしないと、読み手が読んで面白いもの、内容のあるものは決して書けません。

たくさんのキーワードが出てきたら、私はここでも、３色に分けて優先順位をつけることをすすめます。まず、「書き漏《も》らしてはならない重要なこと」は赤色、次に、「できれば入れたいこと」は青色、そして、「自分の意見や主張」は緑色です。こうして、キーワードの優先順位が整理できます。

４００字詰め原稿用紙２００〜３００枚というボリュームであれば項目につける見出しは60〜１００本という数になりますが、**同10枚程度の分量であれば、一本の大きな柱を立てて、そのなかで構成される項目が３つほどあれば、ほぼ落ち着きます。**そのなかで優先順位を決め、再配列して、文章の構成を決めていけばいいのです。

ONE POINT　書くトレーニングで大切なことは、質を上げてから量に向かうのではなく、量をこなすことで質を上げていくことです。

▼文章を書く前に行なう2つのこと

たとえば、一本の論文を書くとします。そのとき、たくさんの言葉を書き留めたメモのなかからは、キーワードだけでなくキーコンセプトも拾うことができます。

キーコンセプトはテーマとは異なります。たとえば「教育」についての論文を書くときのテーマが教育で、それについて自分が書きたい「何か」がキーコンセプトです。

1000字程度のものを書くなら、キーコンセプトは1つあればいいでしょう。しかし4000字以上の場合は、キーコンセプトは3つつくるのがおすすめです。その理由は、**2つだと、どうしてもつながり方が平坦になるため、論理の構造が、他の人と同じようなものになりやすい**のです。

キーコンセプトは、いわば、文章を支える三脚のようなものです。カメラなどの三脚の3本の脚それぞれの間に適度な距離があることで、バランスよくものを支えることができるのと同じように、キーコンセプトもそれぞれに距離があるものが望ましいといえます。

一例として、「教育」がテーマで、「根性」、「気力」、「やる気」をキーコンセプトにしたとすると、意味が近いために内容の広がりも出しにくくなり、読み手にも「よくある精神論」と受け取られてしまうことも考えられます。

しかしこれを「心」、「技」、「体」としたなら、それぞれに距離があります。書き手も、どうつなげていくか練り上げる必要があり、その作業によって読み手が「なるほど」と思うような、教育についての新しい切り口の文章が生まれる可能性もあります。

キーワードやキーコンセプトを書き出したメモをつくったら、次はレジュメをつくります。レジュメとは文章の構成や、そのなかに入る項目などを手短にまとめた、書く前段階の要約で、文章を書くにあたってレジュメの作成は必要不可欠です。

レジュメをつくるときは、キーワードの列挙でいいので、何について書く項目なのかを書き込んでおきます。これを手がかりに章立て、節立てを考え、項目を並べ替える作業をすれば、文章を構築しやすくなります。

また全体の内容と流れが把握しやすくなるので、あとはどこを膨《ふく》らませていけばいいのか、バランス感覚もつかめてきます。

ONE POINT　ある程度の長さのものを書くには、まずキーワードを拾い出してメモをつくり、全体を構築することが大切です。

レジュメができたときには、骨組み、あらすじもできています。内容も絞り込まれてくるため、どのような資料のどの部分が必要になるのかも明確になります。必要になるかわからないのに大量に資料を集めてしまい、実際にはほとんど使わなかった、ということも防げるのです。

▼1行目に「ゴールは何か」を書く

読んだとき、何が言いたいのかわからない文章は、書き手自身が書いているうちに自分が何を言いたいのか、わからなくなってしまっていることがよくあります。

そうならないように、文章全体を構築していくときは、キーワードやキーコンセプトを、全体を総括するタイトルになるようなキーフレーズになるまで練り上げていきます。キーフレーズの文章は、多少わかりにくいものでもいいので、自分にとっての結論のつもりで力を込めて書くこと。**自分が一番言いたいことを1行目に書き、そのあとに続く文章は、それはどういうことかを説明することに費やしていきます。**400字詰め原稿用紙3~4枚であれば、それだけで、まとまりのいい文章ができあがります。

凡庸《ぼんよう》に陥らない一文を、最初につくり上げ、言いたいことを過不足なく表現できれば、読む人の気持ちをつかみ、先を読みたいという気持ちにさせることができます。

キーフレーズの例を出してみます。私の『声に出して読みたい日本語』（草思社）では、たとえば宮沢賢治《みやざわけんじ》を取り上げたところで、「宮沢賢治は、地水火風の想像力の達人だ」と言い切っています。

ここでは、言い切ることが肝《きも》です。とくに商業出版で人に読んでもらうものの場合、そこで人目をひく、ひねりのきいたキーフレーズを考え出すことができるかが、売れるかどうかの分かれ目にもなります。

また、文章を書くときには、**終わり方を決めておく**、というのも大事です。

小説家の場合は「最後がどうなるか自分でもわからない」ということも、ままありますが、プロの書き手でない場合は、なかなか難しいでしょう。あらかじめ「最後の文を決めておく」。これによって、ちょっと話が横にそれてもまた戻ることが容易になります。

文章の書き出しと最後の着地点で言いたいことを伝えると、筋道を見失わないで済むのです。

ONE POINT　冒頭で「○○は○○だ」と全体の主張を言い切ると、話の組み立てがある程度固まり、圧倒的に書きやすくなります。

▼数学の証明問題で日本語を磨く

論理的に説明するように書き、話す力は、文系・理系などという区分とは無関係に、誰もが鍛えるべき力です。

たとえば仕事で何か手違いがあったときに、その経緯を論理的に伝えることができたなら、それは単なる言い訳から報告へと昇華していきます。事実が共有され、そのうえでそのときの判断はどうだったのかという話になってくるのです。

では論理性はどうやって鍛えるべきか。「論理学」という学問はあるのですが、論理学を学んで論理性を身につけるというのは、とても難しいことです。

論理学は記号的な内容であるので、普通の人が学んで面白いとは思いづらい。学んだとしても、日常言語に対応できる論理性を身につけるのは難しいでしょう。そして、自然言語における論理性が相当高くなければ、そもそも論理学の内容を理解できないのです。

あることをするためには何が重要な段取りなのか、ということをはっきりさせる、それが論理力です。 ですから、日本語による緻密《ちみつ》な論理説明力を鍛えるには、数学、物理学や化学などの理系の教科で、テキストの論理を踏み外さずに説明する能力を磨くと、むしろ国語の長文を要約する以上に論理力を鍛えやすい、と私は考えています。

算数や数学を「実用的でない」として軽んじる考え方がありますが、数学の証明問題などは日常生活に一見無関係なようで、段取りを論理的に考える訓練としてこれほど優れたものはありません。

数学の証明問題は、論理のステップを一つでも飛ばせば意味をなさなくなってしまうため、結論への見通しをつけ、そこへ向けてきちんと段取りを組んでいく作業を必要とします。

そこで、たとえば「二等辺三角形の頂点から垂線を底辺に対して下ろすと、底辺は二等分されることを証明せよ」といった証明問題を、**解答を見ながら、言葉で的確に説明してみる。**

これを実際にやってみると、そのプロセスを言葉で的確に説明することは想像以上に難しいことに気がつきます。この訓練を続けていると、論理的に話すための力が身につきます。

ONE POINT　数式の論理展開を日本語で行なうことができるようになると、ディスカッション能力が格段に上がります。

▼頭のよさはたった一言で判定できる

算数や数学には、いろいろな解き方はあるにしても、一つひとつの解き方が多義的ということはありません。これと同じように、新聞報道も、どんな言語に訳してもだいたい同じ意味になります。もし、**「論理的に」と言われたら、新聞のような意味合いで言葉を使っていく**ことが大事です。

論理には筋が通っているということが大事ですから、たとえば日本人について語る場合も「～である」と断定するところから、「～である人が多い」、「～である人が多いといった印象を受ける」、「～という人もいる」といった段階があります。10人くらい見ただけで何かを一方的に断定されてしまったら、それは違うということになります。

頻度や数量のグレード（段階）を大ざっぱに言うことも、論理的ではありません。**「いつも」は100%、「たいてい」は80%、「ときどき」は20%、「たまに」は10%**というように、発言の意図と合った言葉を選ぶ必要があります。

近年はダイバーシティ（多様性）に配慮しない発言が、パワーハラスメントやセクシャルハラスメントと見なされることもあります。その発言は一方的ではないのか、きちんとしたエビデンス（根拠）があるのかどうか。「そんな細かいことまで気にしていたら、何も言えないではないか」という意見もありますが、いまの時代はそうした環境のなかでも発言できる能力が、求められているのです。

昔の社会では、決めつけや偏見が許容され、たとえば「女子供」と、女性と子どもを一括《くく》りにして発言することもあったでしょう。いまはそれが許されない時代になっている、つまり話すことにも高度な能力が求められているのです。

その言葉がハラスメントにあたるかということに対するチェックはもちろんですが、そう言い切れるのかどうか、という視点をもつことも大切です。

▼「法廷サスペンス」から得られる論理力

論理的な文章のなかでも、とりわけ「事実」と「推測」をきちんと使い分けている文章には、どこで出合うことができるのでしょう。

新聞の社説は、通常は「ここまでは事実」、「ここからは社としての考え」に分かれますので、複数の新聞を比較して読む、というのがまず一つです。

また裁判の記録を読むという方法があります。私は法学部の学生でしたので、数多くの裁判の記録を読みました。そこには、「事件で事実として認められた

ONE POINT　「決して～ない」は0%、「ほとんど～ない」は5%、「たまに」は10%、「ときどき」は20%、「しばしば」は40%、「よく」は60%、「たいてい」は80%、「いつも」は100%。

のはここまで」、「ここからはこのように推測される」といったことが書かれています。しかし、いくら推測しても推定無罪ということが働きますので、裁判官が書いた判決文には、事実である部分と、こうであると思われるという部分があります。

双方に弁護士がついている場合、弁護士の言うことはそれぞれ「事実をめぐっての事実認定」の部分と、「事実は認定したとして、それに対しての情状酌量《しゃくりょう》の余地があるかどうか」といったことで争っているわけで、裁判関連の記録を読むことで、両者を読み分ける能力は鍛えられていきます。

しかし、実際に裁判記録を読むことは大変だと思いますので、入手しやすいものとしては、スコット・トゥローの小説『推定無罪』(映画化もされました)をおすすめします。推定無罪というのは「疑わしきは罰せず」ということです。

作者自身もまた法律家であり、法律の専門家によって書かれた素晴らしい小説ということで大ヒットしました。**「法廷サスペンス」というジャンルのなかで最も優れた作品の一つ**とされていて、ブームのきっかけとなったことでも知られています。

本作は検事と弁護士との間で「ここまでは認めるが、ここから先は認めない」、「それはあなたの臆測《おくそく》にすぎない」といったやりとりが進んでいく、その戦いがすさまじいレベルで行なわれます。**対話のなかで「これだけは言ってはいけない」、「ここを強調する」といった言葉の技術が、悪い例も含めて大変勉強になります。**

検事は理詰めで追い込むけれど、最後の核心部分を突くことができない。「疑わしきは罰せず」をめぐるスリルはすべて、言葉によって書きあらわされているのです。これだけ込み入った内容を日本語訳で完全に理解できる。このような、良質な法廷サスペンスの翻訳ものを読むと、より一層、論理性というものが手堅くトレーニングできます。

事実を書く練習は『悪童日記』から

「事実」と「推測」をきちんと使い分けている文章のなかで少し変わったものとして、『悪童日記』という小説があります。

作者のアゴタ・クリストフの母国であるハンガリーは第二次世界大戦中にナチス・ドイツが進軍し、国全体が占領されます。そして戦後はソ連の影響下で勤労者党（共産党）独裁政権が誕生し、抑圧された生活が続きました。この作品の舞台は特定されていませんが、大国に蹂躙《じゅうりん》され続けたハンガリー、その第二次大戦末期から戦後にかけての物語と目されます。

ONE POINT　英国のテレビドラマ『SHERLOCK』シリーズも、無駄のない論理を鋭い言葉で並べたてるヒントがたくさん見つかります。

主人公は双子の少年。2人は、お母さんに連れられて「小さな町」に住むおばあちゃんのもとに疎開《そかい》してきます。人々から「魔女」と呼ばれているおばあちゃんはケチで不潔で、双子をまるで動物のように扱います。

けれども、少年たちもなかなかの強者《つわもの》です。おばあちゃんの家での理不尽さをものともせず、たくましさと冷酷さを身につけながら過酷《かこく》な日常を乗り越えていきます。

このように、『悪童日記』は、戦時下で起きる不条理なありさまを、クールな視点で淡々と記していく、非常にインパクトのある内容です。

双子の「ぼくら」はお互いに命じて作文を書き、作文が「良」か「不可」を判定します。**「不可」ならその作文は火に投じ、「良」なら大きなノート（原題である「Le Grand Cahier」は大きなノートを意味する）に書き写します。**

読者である私たちは、この秘密の日記を読んでいるという仕掛けになっています。

「良」か「不可」かを判定する基準として、ぼくらには、きわめて単純なルールがある。作文の内容は真実でなければならない、というルールだ。ぼくらが記述するのは、あるがままの事物、ぼくらが見たこと、ぼくらが聞いたこと、ぼくらが実行したこと、でなければならない。

たとえば、「おばあちゃんは魔女に似ている」と書くことは禁じられている。しかし、「おばあちゃんは〝魔女〟と呼ばれている」と書くことは許されている。

「〈小さな町〉は美しい」と書くことは禁じられている。なぜなら、〈小さな町〉は、ぼくらの眼に美しく映り、それでいて他の誰かの眼には醜く映るのかも知れないから。

同じように、もしぼくらが「従卒は親切だ」と書けば、それは一個の真実ではない。というのは、もしかすると従卒に、ぼくらの知らない意地悪な面があるのかも知れないからだ。だから、ぼくらは単に、「従卒はぼくらに毛布をくれる」と書く。

『悪童日記』（訳・堀茂樹、早川書房）

その、とても硬い、シビアな文体は、戦時下の理不尽な世界では感情の抑圧こそが理にかなうという、双子の置かれた状況を表現することにもなっているのです。

ONE POINT　インプットした言葉は、なるべく間を置かずにアウトプットすることで、「自分のもの」になっていきます。

冷徹な文体で世界の厳しさを伝えており、それは感情などが入り込むのを避けているほどの冷ややかな状況である、そうした背景を理解して読み進めるとよいでしょう。

▼論理的なアウトプットの「パターン」を知っておく

自分としてはきちんと書いたつもりの文章であっても、その意図がはっきりと相手に伝わらない、ましてや話し言葉となると、うっかりした一言によって、周りの信頼を一気に失ってしまうことすらあります。

論理的なアウトプットにいま一つ自信がない人は、どうすればいいのでしょうか。実は話の展開にはいくつかの「型」があり、そこに自分の伝えたいことを当てはめれば、とりあえず筋は通ってきます。

そして**話がスッキリと理解できれば、その中身がどうであれ、聞き手は満足感が得られるのです。**それは当然、話し手に対する「話が論理的でわかりやすい」、「頭がいい」といった評価にもつながってきます。

話を論理的に見せる「型」として、まず典型的なのが、**伝えたいこと「A」に対して、比較対象である「B」を用意する**パターンです。

たとえば「一般的にはBと言われているが、個人的にはAだと思っている」という言い方は、洗練されているうえに、Aの特異性が強調される言い回しです。「自分は、絶対Aだと思うんですよね」というのに比べて、いかに論理的で、しかも、頭がよさそうに聞こえるでしょうか。

また、**対比するなら「AとBはよく似ているが、ここが異なる」、見えにくいつながりを強調したいなら「AとBは一見するとまったく違うが、ここに共通点がある」、比喩なら「Aを何かにたとえるとすれば、Bである」**。「A」と「B」の対比に絡めて、あえて特定の言葉を使うことによって論理的に見せることもできます。たとえば、「総合的に考えればAだが、部分的にはBも考えられる」、「大局的に見るとAで、局所的に見るとBとなる」といった言い回しです。

ほかにも例を挙げれば、「一般的にはAだが、条件を特定するとBだ」、「客観的にはAだが、主観的にはBともいえる」、「表層的にはAととらえられるが、深層的なBも無視できない」、「形式ばかりに囚《とら》われることなく、実質的なAの部分にも目を向けるべきだ」などです。

ONE POINT　論理的なアウトプットを目指すなら、対比、因果関係、比喩を使って話を組み立てると、はるかに伝わりやすくなります。

論理的に見える常套句《じょうとうく》には、もっと単純なものもあります。

たとえば、「Aだからといって、必ずしもBとはかぎらない」という表現は、集合などの関係を視覚化した、いわゆる「ベン図」を提示しながら説明する言葉として最適でしょう。

あるいは**「ポイントは○個ある。第一にA、第二にB……」とはじめにポイントの数を言って、各項目について説明する**のも、論理的です。書きながら「あと、これも」とつなげていくのは小学生的な文章の書き方です。

▼新聞で「実用日本語」を自分のものにする

物事や意見を伝える手段としての実用に即した日本語を、私は「実用日本語」と呼んでいます。実用日本語が書かれた媒体の代表が新聞です。

いわゆる名作文学の多くが「起承転結」という構造をもつのに対して、新聞は、まず結論からはじまります。次に、なぜそうなのかという理由が記され、最後に補足情報で締めくくります。このように、**短文で無駄なく、密度の濃い情報を入れ込むのが実用日本語**の特徴です。

この、はじめに結論ありきという新聞の文章のスタイルは、レポートや論文、仕事のプレゼンテーションでも使われています。つまり、新聞の文章を読む、それについて書く、話すといった訓練は、実用日本語力を高めることになります。

新聞の具体的な活用の方法としては、まず自分が気になった記事を切り抜き、スクラップブックの要領でノートに貼っていきます。

そこに、できれば、客観的視点である記事のポイント、主観的な視点である記事を選んだ理由や感想などを、それぞれ書き込んでみる。それだけでも日本語の力は伸びていきます。

その理由は、作業を通じて社会への関心が高まるだけでなく、膨大な記事のなかから情報を吟味《ぎんみ》・選択する力が養える点にあります。そして、数をこなしていけば、意見とはどういうものか、どう伝えると効果的かといったことも考えられるようになります。これは、昨今よく耳にするメディア・リテラシーということです。

メディア・リテラシーとは、情報を受け取る側の活用能力のことです。情報を受け取るだけでなく、主体的・批判的に読み解く力は現代社会においてとくに重要です。

ONE POINT　論理的に見える説明方法を選択し、そこに言いたいことを当てはめれば、どんな話をしても、とりあえず頭がよく見えるのです。

メディア報道を注意深く観察していけば、同じ事実でも、その伝えられ方はメディアによって異なる場合があることもわかります。この作業によって、記事のつくられ方や、一つの事実の伝えられ方が新聞各紙でなぜ異なるのかといったことを推測できるのです。

新聞には、記事とは別に、短文のコラムがあります。こうしたコラムを書き写してみるのもいいでしょう。

書き写すという行為によって、文章が身体に染み込んでいきます。それによって、語彙、言葉の表現、短い文字数のなかでの起承転結的な展開などが身についていきます。

▼書く力が伸びる「本の読み方」

読書はいうまでもなく情報のインプットですが、アウトプットを意識して本を読むと、情報活用のセンスが磨かれていきます。書く材料として使うつもりで読むのです。

論文やレポートを書くために参考になる本を読むというのはよく行なわれることですが、企画書に使う、人と話す際の話題にするといった理由であっても構いません。**具体的なアウトプットを意識すると、それがアンテナとなって、「ここを読めばいい」という部分をひきよせるのです。**縁のある情報が、まさに磁石にひきつけられるように、自然に吸引されてくるのです。

青春期であれば、自分の興味に任せて乱読することは、語彙や知識を増やし、基礎的な思考力をつけるのに役立ちます。しかし社会人になって仕事に追われ、読書時間そのものがあまり取れないなかでは、何にどう活用するかという明確な目的意識をもって読書することも必要になってきます。

ただひたすら興味のある本を読んで、そこで得た知識や情報をあとで活用しようとする青春期の読書は、大人にとっては効率の悪い方法なのです。

書く力と読む力は、当然つながっているので、書く力がある人は、膨大な量の本を読んでいるものです。しかしここで非常に大切なのは、**膨大な量の本を読んでいるからといって、それがそのまま書く力に結びつくわけではないということです。**

自分の興味関心に任せてただ漫然といろいろな本を読み、あとから、それらを題材にして何かを書こうとしても、何をどう書いていいかわからなくなるはずです。

私の場合を例に挙げると、趣味のための読書と仕事のための読書の方法ははっ

ONE POINT　ビジネス現場では、とりあえず感情を排除して、伝えるべき事実を伝える。新聞記事のように内容を端的に話すことが重要です。

きりと分けています。何かを書くことを前提にして本を読む場合には、既述のように、3色ボールペンを使って本に書き込んでいきます。

重要な部分は赤色で、これはあとで引用できる部分を指します。続いてまあまあ重要な部分を青、最後に個人的に面白いと感じた部分、興味を抱いた部分が緑です。それらのページには付箋《ふせん》を貼る、ページを折っておくなど目印をつけて、あとで探しやすいようにしておきます。

一冊の本のなかでは、ページを離れて、関連したことが何度も出てくるものです。そのときには、関連するページ数も書き入れておきます。**そこまでしておけば、読了したときにその本自体が、文章を書く題材になっているのです。**

こうしたことを本には書き込まず、読書ノートやカードをつくる人もいます。かつては私も読書カードをつくっていましたが、時間と手間がかかるわりには、あとでカードを使うことは少なかったように思います。

そのため私は、本を読みながら、感じたことや考えたことなどを見返しの部分やページの余白に書き込んでいき、日付をつけています。こうすることで、本自体が読書ノートや読書カードも兼ねることができるのです。

▼「味わう」ではなく「こなす」ことが必要

書くことを前提に本を読むということは、私たちが通常、本を読むときの「味わう読書」とは異なり、「こなす読書」になります。たとえ名作文学であろうと、それを題材にして何かを書こうという意図があれば、それは「こなす読書」に含まれます。

読む楽しみを追求しているだけでは「書く力」は身につきません。書くために読むという意識をもち、それに合った読み方に変えれば、「書く力」は読書量に比例してきますし、読み込む力もついてきます。

かつては、読書というと「味わう」ものだとされ、読みはじめた本は読了しなければならない、という暗黙の了解がありました。しかしそれでは、最後まで読み切らなければ、と力が入ってしまうために本を読むのが億劫《おっくう》になります。またどうせ読み通せないから、はじめから読まないほうがいい、となってしまいます。

前にも述べましたが、私は、必ずしも本ははじめから終わりまで全部読む必要はないと思っています。もし、相性がいま一つであれば、その本とは縁がなかったものとして、潔《いさぎよ》く諦めればいい。それに、読んだ本をもとに書くという点に

ONE POINT 本に書き込むことは、その場での吸収度を上げることに加え、後で読み返したときにポイントがすぐわかる効果もあります。

おいては、各テーマに関連したところだけを拾って読むほうが効率的です。

ではどうやって読み込む力を上げるのか。誰にでもできる練習としては、教え方の上手な先生が板書で示すような図を描いてみる、という方法があります。

たとえばある小説の一場面を抜き出すなどして、登場人物A、B、Cの発言や立場を図にしてみます。**文章を図にし（図化）、今度は図を文章にする（文章化）という往復ができるようになると、内容のより完全な理解に進んでいきます。**

これを応用し、たとえば会社での会議のときに、メンバーの席の位置関係を図にして、それぞれの名前をまず紙に書き、そこにそれぞれの発言の要旨《ようし》を書き、状況を整理していく。これだけでも、紙の上に空間性が立ち上がります。

そして進んでいく議論の展開をあたかも抽象化された図のように、空間的な広がりとしてとらえることができるようになります。

▼「引用する」と自分の語彙レベルまで上がる

書くための読書のために身につけてほしいのが「引用」の技です。

引用とは本のなかの文章を、カギ括弧《かっこ》で括り、出典を明らかにして、自分の文章のなかに取り入れることです。

自分以外の、多くの場合はプロの書き手によって書かれた文章を組み込むことで自分の文章の中身をはっきりさせ、より具体的なかたちにすることができます。

私は大学で、30人の学生に対して、毎週1冊本を読み、3カ所の引用文を入れたA4の紙1枚を人数分コピーしてもってきて（発表して）もらうことがあります。引用を入れていくことで自分のもつ語彙よりも多様な語彙が発表のなかに存在することになります。さらに授業で発表し、説明しますので、それらの語彙はより自分のなかに定着していきます。

毎週行なった結果、各学生の手元には10回の授業で合計300冊文のレジュメが集まりました。そして学生からは、文章力を身につけるいい訓練になった、と感謝されることになりました。

具体的な方法としては、**引用については、それぞれ内容が重複しないものを選び、手短にすることを心がけます。**選ぶときには、読み手が引用部分だけ読んでも理解でき、満足するようなものを入れるのがコツです。そしてそれぞれの

ONE POINT　本のなかでインスパイアされた箇所に線を引いてコメントを書いていくと、情報の吸収率がものすごくよくなります。

引用から、人目をひくようなキーコンセプトを導き出します。

3カ所の引用から3つのキーコンセプトができあがったら、その3カ所をつなぐ文章をメモ程度でいいから書いておきます。こうしておくとあとで考えを整理するときに非常に役に立ちます。そして、3つの引用をつないでいけば、その本についての文章が書けるのです。

引用を「しょせん、他人の文章の引き写しではないか」と思う人もいるでしょう。しかし、引用をどう組み合わせ、文脈のなかに取り入れるかには書き手の意図があらわれています。**引用文を使うと、引用文の文脈と自分の文脈がクロスすることで新たに別の意味が生じ、オリジナリティが生まれます。**

多くの人が「自分の言葉」だと思い込んでいる言葉や文章は、実はすでにこれまで使われてきたものにすぎません。言葉そのものでオリジナリティを出すのは、よほどの才能をもった人でなければ、まず不可能だといえます。

オリジナリティとは、言葉そのものにあるのではなく、そのつなぎ方にあるのです。「引用力」こそ、文章力アップの柱です。

第３章

表現力アップの手法

▼選ぶ言葉によって能力を判断される

国語における表現力のなかで、最も大切なのは語彙《ごい》力、つまりさまざまな場面に応じて適切な言葉をセレクトできる力です。

言葉を知らなければ表現ができません。どのくらい数があるかといえば、話し言葉だけで５０００語ほどで、これでひと通りの生活はできるのではないでしょうか。一方で**私たちが日常使っている語彙は１００〜５００語程度です。**

たとえば仲のいい友達同士では価値観も共有していますので、「マジやばい」、「ハンパない」といった感情の共有だけで済むわけです。それだけで通じ合えるのはコミュニケーションとして悪いわけではありません。

しかし表現というのは、狭い世界のなかだけで成り立つものではありません。**第三者が「なるほど」と思えるようなもの、そして場合によっては感銘を与え**

ONE POINT　自分が引用した文章に対して強い思いを抱いていることを示しながら書けば、その引用文はその人の魅力になっていきます。

るもの、それによって相手の心が動き出したとき、「表現力がある」ということになります。

たとえばインターネット上に「とてもよかったです。でもうまく言えない（語彙力）笑。」というレビューがあったとき、書き手は自分の語彙力が足りないことを自嘲《じちょう》気味に言っているということです。

いま、私は「自嘲気味に」という言葉を使いましたが、この言葉が自分の語彙のなかにない人もいます。自嘲とは自分を嘲《あざけ》るように卑下《ひげ》する、という意味で、「恥ずかしそうに言っている」でも意味は近いかもしれませんが、やはり自嘲気味という言葉を使ったほうが、状況が端的にピンポイントで伝わりやすいでしょう。

言葉というのは、弓を射るときの「的」のようなもので、「だいたい飛べばいい」、「的に当たりさえすればいい」、「的の中心でないと嫌だ」と、どこに当てたいかのとらえ方は人によってさまざまです。そして語彙力のある人ほど、真んなかを射ぬきたくなります。

3つの言葉から選ぶ人よりも、10の言葉から選んでいる人のほうが、的の真んなかを射ぬきやすい。その一方で、いつも「やばい」という言葉一つしか思い浮かべられない人もいます。

▼語彙が足りない人はストレス耐性も低い

日本語の語彙は、多くが書き言葉です。これは、きちんと話す、書く、説明するときに使う言葉で、漢字が思い浮かばないと内容を理解するのが難しい場合もあります。

参考までに『広辞苑』（第7版）に掲載されているのは約25万語で、そのほとんどは日常の話し言葉ではあまり用いられません。

言語能力を高めていくためには、書き言葉を大量に仕入れる必要が絶対にあるのです。ではどうすればいいのか。それは、本を読むことによってはじめて身につきます。

読書は、語彙力をつけることと同時に、語彙を使った表現の技術も鍛えてくれます。悲しい、くやしいという言葉は知っていても、では自分はどんなふうに悲しいのか、くやしいのか。語彙力がないと、自分の気持ちをなかなか的確には表現することができません。

気持ちを的確な言葉にできないために、モヤモヤした気持ちが晴れない、この

ONE POINT　言葉の大本や漢字の成り立ちも同時に知ると、記憶が定着しやすくなり、応用もしやすくなっていきます。

ように気持ちがうまく処理できないと、ストレスが溜まります。それが積み重なった結果、ちょっとしたことが引き金になって感情を爆発させてしまう、俗にいう、「キレる」という状態に陥りがちになります。

語彙力の乏しい人には、自分の意識と言葉が自由にならないもどかしさが常にあり、どうしていいかわからず、その結果、周囲に感情をぶつけることになりやすいのです。

研究者として日本人の国語力を長年見てきた立場から、私には気になることがあります。それは、**漢語を活用する力が年々落ちてきている**、ということです。

原因には大きく2つあり、まず、漢文で書かれた漢籍を中心とした勉強から離れてきたこと、他方で、活字離れが進んでしまっていることです。ここでいう活字とは、日本人の教養、あるいは頭の働きそのものを支えている新聞や書籍などで使われている活字を意味します。

こうした活字に親しむことをせず、親しい者同士でおしゃべりを続けているだけでは、語彙は増えません。日常会話や意思の疎通に支障はないとしても、聞いたり話したりする言語水準は低くならざるをえません。こうした状態にいると、意識の幅も狭くなります。だから私は本を読み、質のいい言葉にたくさん触れようと言っているのです。

本を読むと、自分がうまく言い表せなかった感情が言葉によって表現されている、人は気持ちと裏腹な振る舞いをしてしまうこともある、など、いままで知らなかった表現や、人間の行動に触れることができます。

語彙力が身につくことの良さには3つのステップがあります。まず、いままで知らなかった新しい言葉を自分のものにすることで、**物事をはっきりと確かに認識できるようになる。次に、その状況を対象の一つとして客観的にとらえることができるようになる。最後に、その結果として、自分の精神が強くなるということです。**

読書によって知性を身につけるというのは、つまり、自分の狭い世界だけに囚《とら》われなくなることです。知性を身につけるとは、いまここにある自分の人生をより豊かにする、力強くすることだと私は思っています。

▼「音読」で教養につながる語彙を磨く

近代日本に大きな影響を与えた文豪と呼ばれる文学者たちは、その豊富な語彙を作中の適切なところで使っていきます。文豪の日本語を音読することで、こんなにまで一つのことをこと細かに言えるのだということに気づけます。

ONE POINT　「すごい」「やばい」の使用を一旦やめてみましょう。具体的に何がすごいのかを言語化していくと、表現力がついていきます。

たとえば、川端康成《かわばたやすなり》の文章は、その豊富な語彙によって、登場人物の心情がより細やかに伝わってきます。有名な『雪国』の書き出しは、

国境の長いトンネルを抜けると雪国であった。夜の底が白くなった。

『雪国』（新潮文庫）

国境《くにざかい》には長いトンネルがあって、トンネルの手前までは雪はなかったのにトンネルを抜けると雪国だった。この一文だけで「うまい！」という感じで、私たちは雪国に連れて行かれます。しかも「夜の底が白くなった。」という、通常は使わないけれど情感を感じる一文で、読者はすっかり作品世界に入り込んでしまいます。

主人公の感情は一言では表現できない複雑なものです。夏目漱石《なつめそうせき》の『こころ』の場合、あらすじだけいえば、「『先生』は親友Kを出し抜いて下宿の娘さんを自分の奥さんにしてしまった。その悔恨《かいこん》の情から自殺する道を選ぶ」で終わってしまいますが、登場人物の心情は、そう簡単なものではありません。「先生」の長すぎるともいえる遺書のなかにさまざまな文脈があり、明治という時代の終わり、乃木希典《のぎまれすけ》大将の殉死《じゅんし》といった時代

背景も描かれている。それが、人間の心の奥底を深く掘り下げる芸術となっているのです。

あらすじを短く要約すると、太宰治《だざいおさむ》の『走れメロス』にしてもかなり自分勝手な話になってしまいます。あらすじだけだと、大人には少々単純な話かもしれません。しかし、実際読んでみたときの、冒頭のこの一文はどうでしょう。

　メロスは激怒した。必ず、かの邪智暴虐の王を除かなければならぬと決意した。メロスには政治がわからぬ。メロスは、村の牧人である。

『走れメロス』（新潮文庫）

「邪智暴虐《じゃちぼうぎゃく》」と聞くと小学生は喜びます。いかにも悪そうな王様だからです。**「邪智暴虐の王」を「悪い王様」と言い換えて、同じだととらえるのは、言葉というものの本質がわかっていないということです。**

言葉に、まったく同じというものは存在しません。悪いということと邪智暴虐は、おおいに違うものなのです。

ONE POINT　語彙が豊富であることによって、自分と他者との感情のギャップ、意思の齟齬《そご》を埋めることができるようになります。

メロスには政治がわからぬ。

これも、とても深い言葉です。私は塾で小学生を教えていたときに『走れメロス』をみんなで音読しました。「このページで印象に残った文章は？」と聞いたところ、多くの子どもは「メロスは激怒した。」といった文章を挙げるのですが、ある子はこの一文を挙げました。

私は正直、「そこ？」と思ったのですが、しかしよく考えてみると、その一文は非常に多くの意味を含んでいる言葉なのだということに気がつきました。政治というのは複雑な言葉で、読んでそのままの意味である政治だけでなく、世の中で言語化できないようなことを暗黙で了解している権力的な関係のことも政治と表現することがあります。

世の中で力が支配するような関係、それに関する理解と考えると、「メロスには政治がわからぬ。」という一文には含みも多いのです。

文豪というのは天才的にそういう言葉を選びますから、「言葉というのは、こういうふうに使うのだ」ということがわかるのです。

▼日本語の宝のような文豪の作品を読み尽くす

野球をはじめたばかりの子どもはプロ野球選手のフォームの真似をします。それと同じで、文学者の作品の語彙を取り入れて日本語力を磨くということは、本来当たり前のことです。しかし、ほとんどの人は「何となくやっていればうまくなる」、「キャッチボールしていればうまくなる」というふうに勘違いをしています。

話し言葉というのはとりあえず伝わればいいということなので、簡単な言葉でテンポよく話すほうがわかるということもあるわけです。しかし口語で使う語彙というのは限られているので、語彙は増えません。語彙が増えなければ、「毎日がじゃがいも料理」になってしまうようなものです。

一方で文豪の文章というのは、日本語の可能性を追求しているということですから、あらゆる語彙をあらゆる方法で組み合わせ、そして絶妙な表現にもっていく。**一時期浴びるようにある作家の作品に触れると、その文体というものが乗り移ってきます。**

ONE POINT　作家の日本語がうまいかどうかは音読してみるとよくわかります。うまい日本語を味わいたいなら、まず音読することです。

私は10代のころ、太宰治の作品をほぼ全部読みました。なぜか太宰の新潮文庫の作品は「全部読んだ」という人が多いのです。すると、太宰の文章のリズムや表現力が身体に染み渡ってくる。

カラオケで好きなミュージシャンの歌を歌い続けていると、新曲もすぐに歌えてしまうということがあります。そのミュージシャンのリズムが、身体にもう染み込んでいるわけです。ミュージシャンの場合はその人の作品がもっているリズムやテンポというものにスタイルがあります。同じように文章にもスタイル（文体）がありますので、それを身につけることで自分自身の表現力も培われるのです。

▼超絶的な日本語を味わえる『たけくらべ』

日本の文学は世界的に水準が高いといわれています。川端康成や大江健三郎《おおえけんざぶろう》がノーベル文学賞を受賞する以前にも、天才的な作家は大勢いました。そのなかの一人が樋口一《ひぐちいち》葉《よう》です。

女性が世に出るのはまだ大変だった時代に、一葉はその才能によって数々の名作を生み出していきました。**精度が非常に高く、日本人の書いた文章のなかで最も語彙が豊富で美しい文章の一つである、といわれています。**森鷗外《もりおうがい》も絶賛しました。

廻《まわ》れば大門《おおもん》の見返り柳《やなぎ》いと長けれど、お歯《は》ぐろ溝《どぶ》に燈火《ともしび》うつる三階《がい》の騒ぎも手に取る如《ごと》く、明けくれなしの車の行来《ゆきき》にはかり知られぬ全盛をうらなひて、大音寺前《だいおんじまえ》と名は仏《ほとけ》くさけれど、さりとは陽気《ようき》の町と住みたる人《にん》の申《もうし》き、三嶋神社《みしまさま》の角をまがりてより是《こ》れぞと見ゆる大厦《いえ》もなく、かたぶく軒端《のきば》の十軒長屋《じっけんながや》二十軒長《にじっけんなが》や、商《あきな》ひ《い》はかつふつ利《き》かぬ処《ところ》とて半《なかば》さしたる雨《あま》戸《ど》の外《そと》に、あやしき形《なり》に紙を切りなして、胡粉《ごふん》ぬりくり彩色《さいしき》のある田楽《でんがく》みるや《よ》う、裏にはりたる串《くし》のさまもを《お》かし、……

『たけくらべ』（新潮文庫）

冒頭から、当時の風景が立ち上がってきます。そして読点がどこまでも続いていき、ついに、章が終わるまで句点を使わない。一葉の文章は擬古文といい、古文を真似るようなかたちで書いているスタイルです。

古い文体を使いながら美しい響きの日本語を紡ぎ出しているのですが、これには大変な教養が必要で、『源氏物語』などの古典を原文で読んで深く味わえる人でないと、書けない文章です。「形」を「なり」と読ませるように、漢語と大和《やまと》

ONE POINT　好きな作家が憑依《ひょうい》するまではまり込むと、その「著者色」に染まった語彙も自然に習得できるようになります。

言葉を自在に駆使しています。

『たけくらべ』は、主人公の美登利《みどり》と僧侶の息子である信如《しんにょ》の淡い恋愛感情が物語の基本です。2人はやがて、娼妓《しょうぎ》と僧侶というそれぞれの世界を生きていくことになります。まったく異なる世界に進む前の淡い恋の物語。ですから、2人が生きたのは江戸《えど》情緒《じょうちょ》が残っている、吉原という遊郭《ゆうかく》が存在する世界です。書かれたのは明治時代でありながら、江戸時代の雰囲気が漂う言葉で書く、という必然性もあったわけです。

日本語には長い歴史があり、古文には日本語らしさが残っています。擬古文は完全な古文ではないため、古文よりはわかりやすい。したがって、日本語を味わうのにいいテキストなのです。

一葉は、隔絶された日本語の長い歴史を一人で体現しています。**一葉を読めるようになるということは、『源氏物語』が原文で読めるようになることにも相当近づく。**それを橋渡ししてくれている存在なのです。

▼原文のまま声に出して読みたい『平家物語』

古文といえば、教科書にも載っている『平家《へいけ》物語』は、大人になってから読むと「学生時代、なぜ古文が苦手だったのだろう」と不思議になるほど素晴らしい作品です。

授業で学ぶ古文といえば文法中心で、どうもなじめなかったという人もいると思います。文法はとりあえず忘れて構いません。意味は現代語訳を見ながら理解していってもいいので、古文そのものが美しいということをまず味わいましょう。

『平家物語』は、冒頭の「祇園精舎《ぎおんしょうじゃ》の鐘の声、諸行無常の響きあり。」の心地よい調べがあまりにも有名です。音読すれば、自分のなかの日本人の精神を感じるでしょう。ただ、あまりにも有名な情緒あふれる書き出しのせいか、『平家物語』には合戦場面が非常に多く、**躍動感あふれる日本語の強さや、勢いのあるリズムをもっているダイナミックな物語**であることは見逃されているように思います。

小学生と『平家物語』を学ぶときは、やり方を工夫します。先に現代語訳を読み、子どもたちが頭のなかに、物語を映像として思い描けるようにしておきます。

次に私が古文を短く切って読み、それを復唱させる。すると、子どもたちの頭には音読した言葉が、頭のなかに描いた情景に張りつくようにスムーズに入っていきます。

最後にもう一度現代語訳と古文を通読して、どちらが気に入ったかを聞いてみ

ONE POINT　樋口一葉の作品の最初の部分だけでも音読してみてください。直感的にこの日本語は比類のない品格があると感じるはずです。

ると、私の経験したかぎりでは全員が「古文のほうがかっこいい」と言います。

『平家物語』では全編に、見せ場があります。そこでは武士の誇りや武士の情けに感動を覚える場面があります。

たとえば、「敦盛最期《あつもりのさいご》」は、情感豊かな物語です。熊谷次郎直実《くまがえのじろうなおざね》が平家の若武者の首を取らなければならなくなり、泣く泣く首を斬り、戦いの空《むな》しさや立派な若武者を斬ってしまったことの切なさに苦しみ、ついには出家してしまう、という内容です。そしてその物語を、**大和言葉と漢語がうまく混ざった文章、日本語の一番よいかたちといえる和漢混交文《わかんこんこうぶん》を用いながら、迫力をもって伝えます。**

熊谷涙《くまがえなみだ》をおさへ《え》て申《もうし》けるは、

「たすけまゐ《い》らせんとは存候《ぞんじそうろ》へ《え》ども、御方《みかた》の軍兵《ぐんびょう》、雲霞《うんか》のごとく候《そうろう》。よものがれさせ給は《たまわ》じ。人手《ひとで》にかけまゐ《い》らせんより、同《おな》くは直実《なおざね》が手《て》にかけまゐ《い》らせて、後《のち》の御孝養《おんきょうよう》をこそ仕《つかまつり》候《そうら》は《わ》め」と申《もうし》ければ、

「たゞ《だ》とく〱《とく》頸《くび》を取れ」とぞのたまひ《い》ける。

熊谷《くまがえ》あまりにいとほ《お》しくて、いづ《ず》くに刀《かたな》をたつべしともおぼえず、目もくれ心

も消えはてて、前後不覚《ぜんごふかく》におぼえけれども、さてしもあるべき事《こと》ならねば、泣《な》く〳〵頸《くび》をぞかいてンげる。「あは《わ》れ、弓矢《ゆみや》とる身《み》ほど口惜《くちお》しかりけるものはなし。武芸《ぶげい》の家に生《うま》れずは、何《なに》とてか丶《か》る憂《う》き目をば見るべき。なさけな《の》うも討《う》ちたてまつるものかな」とかきくどき、袖《そで》をかほ《お》におしあてて、さめ〴〵《ざめ》とぞなきゐ《い》たる。良久《ややひさ》しうあッて、さてもあるべきならねば、よろい直垂《ひたたれ》をとッて頸《くび》をつ丶《っ》まんとしけるに、錦袋《にしきのふくろ》にいれたる笛《ふえ》をぞ、腰《こし》にさ丶《さ》れたる。

『平家物語（三）』（岩波書店）

直実は若武者があまりに憐《あわ》れで、どこに刀を立てればいいかもわからず、「武芸の家に生まれたばかりに」と、わが身を憂《うれ》える。こういった武士のやりとりを通して、異なる時代に生きている私たちは、無常観を知ることができます。

平家物語は語りの文学ですから、音読をしていくと、まるで歌うようになります。これを完全な現代語訳にしてしまうと、意味は取れても物語が本来もっている力が失われてしまう。古文を通じて、そのことに気づいてもらえればと思います。

ONE POINT　『平家物語』にはほかにも、「那須与一《なすのよいち》」「宇治川先陣《うじがわのせんじん》」「木曾《きその》最期《さいご》」「大原御幸《おおはらごこう》」など、情感あふれる物語がいっぱいです。

▼ひとクラス上の言葉づかいを身につける

読書を通じて、語彙を増やすことを見てきましたが、では果たして、いまの自分にはどれだけの語彙力があるでしょうか。実際に数えるのは難しいとしても、人と比較してみる方法ならあります。

たとえば**自分と他の人の報告書を、自分と他の人の書いたものを、あるいは自分と作家の文章を比べて「こんなに違う」と気がつく**方法があります。そうしたことに驚き、表現力にとって語彙力が、決定的なものであることを自覚する、これが自分の語彙力を知るスタートになります。

その一例として、坂口安吾《さかぐちあんご》の代用教員時代の経験を綴《つづ》った自伝的な作品『風と光と二十の私と』に、こんな表現があります。

同級生をそそのかして盗みをさせた生徒に向かって、「これからは人をそそのかして物を盗ませたりしちゃいけないよ。どうしても悪いことをせずにいられなかったら、人を使わずに、自分一人でやれ。善いことも悪いことも自分一人でやるんだ」というセリフがあります。これは「悪いことは一人でやればいい」ということではなくて「責任は全部自分で負え」という意味です。

「なぜ悪いことをするんだ」という言い方と比べた場合に、「善いことも悪いことも自分一人でやるんだ」と言われたほうが、力がある。このように「覚悟をもて」という意味合いを伝えるにも、言い方一つで言葉の力が変わってくるのです。

感情を伝えるときにも、さまざまな方法があります。ストレートな言い方でもいいのですが、それをいかに多用しないで伝えるか。**婉曲《えんきょく》な表現は、奥ゆかしく伝わります。**百人一首にも恋の歌が数多くありますが、たとえば、

あしびきの　山鳥《やまどり》の尾の　しだり尾の　長々し夜を　ひとりかも寝む
柿本人麿《かきのもとのひとまろ》『拾遺集』

山鳥の垂れ下がった尾が長々と伸びているように、「の」が続きます。長々しい秋の夜を一人で寝ることになるのだろうかと、山鳥の尾にたとえる。こうしたたとえは、表現力の基本になります。百人一首には恋愛の歌がたくさんありますが、そのなかに自然にたとえた歌がとても多いのです。

ONE POINT　知性は、コミュニケーションを豊かにしてくれます。素敵な言葉に出会ったら、会話のなかで、とにかく引用してみてください。

日本語は主語と目的語を避け、「私はあなたが好きです」ではなく、ただ「好きです」と言うことがあります。それは「私は」と言えば私が出すぎてしまうし、「あなたを」と言えばあなたに対してもぶしつけであるから、「私」も「あなた」も言わないで、ただ「好き」というわけです。

現代の日常会話でも、「お茶が入りました」と、まるでお茶がそこに自然に湧いたかのような言い方をします。「私があなたに、いまお茶をいれました」とは言わない。表現を柔らかくして、たとえながら伝える、これは和歌の伝統としてずっとあるのです。

花の色は　うつりにけりな　いたづらに　わが身世にふる　ながめせしまに
小野小町《おののこまち》『古今集』

花が盛りを過ぎていくようにこの私も、気がつけば……という思いを、「私がぼんやりしているうちに、歳をとってしまいました」と言うのではなく、自分を花にたとえて、「花の色も、いつの間にか色あせてしまいました。降る長雨を、ぼんやりと眺めているうちに（その花の色のように、私の美しさも、色あせてしまいました）」と表現する。眺めるというのは物思いにふけるということで、「長雨」と「眺め」を掛け、それらを重ね合わせながらときが経つことを表現しています。

こういった、**ものに託《たく》して歌を歌うというのは、『万葉集』以来の伝統なのです。**これは必ずしも日本の詩歌だけではなく、世界中の詩人がこうした方法をとっています。心にはカタチがないので、心を何かに託すということです。

▼会話力を磨きたければ『マクベス』から

ウィリアム・シェイクスピアの戯曲は、会話や対話のお手本とされています。なかでも私がおすすめするのは、『マクベス』です。深い名言にあふれ、息もつかせぬ緊張感で話が展開する不朽の名作です。

スコットランド王ダンカンの臣下であるマクベス将軍は荒野で3人の魔女に出会い、自分がスコットランド王になるという予言を聞きます。手紙でそれを知った野心家のマクベス夫人は、夫婦でダンカン王の暗殺計画を企てます。

マクベスは途中で罪悪感を覚えて、もうやめようと言いますが、妻は「腰くだけ、そうして一生をだらだらとお過ごしになるおつもり？」とマクベスを叱咤《しった》し、いったん誓ったからには乳飲み子の「脳みそを抉《えぐ》り出してでも見せましょう」と言い放ちます。夫人のセリフのインパクトは強烈で、この部分を小学生に読ませる

ONE POINT　私たちの感情のあり方は、『万葉集』に代表される「心の表現」の堆積によってできているのです。

と、子どもたちも、「奥さん、悪いね〜」、「マクベスも、マクベスだね〜」と非常に盛り上がります。

妻との会話のなかでマクベスは、「やめよう」から「やっぱりやろう」と決心を覆《くつがえ》してしまうのです。この夫婦は悪事をなすわけですが、コミュニケーション力は非常にいいということになります。

戯曲、シナリオというのは会話で成り立っていますから、説明的になると面白くないわけです。しなやかに伝えるには高い技術が必要になります。

シェイクスピアの翻訳は、現代語訳なら松岡和子さんの自然な日本語で訳した全集がちくま文庫から出ています。英文学者の小田島雄志《ゆうし》さんが訳したもの、もっと古くなると坪内逍遥《つぼうちしょうよう》が訳したものもあります。坪内逍遥訳は、私は気に入っていて全巻もっています。昔の翻訳ですので『ロミオとジュリエット』のジュリエットが自分のことを「わし」と呼ぶなど「爆笑訳」なのです。

同じ訳でも日本語訳の言葉はたくさんあります。

To be, or not to be, that is the question.

という文は、英語でもわかりやすいですが、これを日本語に訳したときに、翻訳者によっていろいろな表現が出てきます。

子どもたちが音読して「かっこいい」と言ってくれたのが福田恆存《つねあり》の訳で、格調高い翻訳なので、音読すると非常にキレのいい日本語になります。

戯曲以外に、コミュニケーションを学ぶために欠かせないのが落語です。私は落語を聴きにもいきますし、興津要《おきつかなめ》の『古典落語』（講談社文庫）も全巻もっています。

落語は柔らかい日本語で登場人物たちの会話を豊かに表現していきます。これは口語体として、とても優れたものです。

▼「仕事も未熟な人だろう」と思われてしまう言葉づかい

私は、「あと」という言葉を、人間の成長度を測るバロメーターと考えています。

小学生は次から次へと、「あと、あと」と言い続け、話が終わりません。社会人になってまで「あと」を多用する人は、話の着地点が見えておらず、忙しいかもしれない相手への配慮もない。そこから、幼く、社会性にも欠けている人だと

ONE POINT　リズムのよい名文は、読むだけで興が乗ってきて、いつのまにか語彙が定着してくるのです。

思われてしまうのです。

社会人の心得としては、まず「全部で3点ありまして」などと前置きして、優先順位の高いものから説明するのは常識です。

取材などの際に、用意した質問以外について訊《たず》ねる場合も「あと」でなく、「先ほどのお話の〜部分で興味が湧いたので、少しよろしいでしょうか」と、前の話からの流れを止めないように心がけます。

口癖チェックも必要です。

「あの」、「ええと」、「うーん」、「まぁ」が妙に多い。たとえていないのに「たとえば」、逆に言っていないのに「逆にいうと」と前置きする。「あれ」「これ」「それ」のような指示語で済ませてしまっていることが多い。「っていうかさあ」「○○みたいな」「○○だったりしてね」といった、曖昧《あいまい》表現をよく使っている。語尾が尻つぼみになる、声が小さい、といったことは、自分では気がつきません。気になったら、友人や家族とお互いの口癖をチェックしてみることをおすすめします。

自分の話をスマートフォンなどで録音して再生して書き起こすことなども役立つでしょう。「自分はこんな話し方をしていたのか……」という自己嫌悪を乗り越えて修正していけば、かなり精度の高い話し方が身につくはずです。

仕事の中心がEメールのやりとりになってきていることもあってか、話し方に子どもっぽさ、学生っぽさがそのまま残り、損をしている社会人が増えているように感じます。きちんとした大人の言葉づかいの基本は、書き言葉です。しかし話し言葉の伝統と書き言葉の伝統の重なる部分が、ちょうどいま、Eメールというかたちで拡大してきています。

Eメールでの言葉づかいは、ちょうど書き言葉と話し言葉が混在したような、新しい文体の文章であるため、書き言葉を意識的に訓練する機会とされていません。

ただ、こうした状態のままだと、正式な場面での挨拶《あいさつ》やプレゼンテーション、会を取り仕切るといった場面で自分が恥をかくことにもなります。必要なのは、語彙を増やし、語彙力を高めるということです。

▼単純な言葉を深みのある言葉に言い換える

日本語の語彙は大変豊かですから、大人ならではの「言い換え力」を身につけ

ONE POINT　オフィシャルな場で話すときでも、「ええと」「うーん」「みたいな」といった口グセはそのまま出やすいものです。

ていくといいでしょう。**より細やかなニュアンスが伝わるような言葉を自分のなかにもっておく**、そういう力が語彙力です。以下、注意すべき言葉を挙げます。

❶「なるほど」

状態や理屈を確認し、納得することを示す言葉です。会話のなかで相手に同意するときなど、あいづちとして使いやすいため、連発してしまう人が多いようです。目上の人に対して使うと尊大な印象を与えるので、頻繁には使わないことが基本です。「おっしゃるとおりです」、「たしかにそうですね」、「ごもっともです」などと言い換えるといいでしょう。

❷ぶっちゃけ

「ぶっちゃける」を略した言葉です。「ぶちあける」から転じた言葉で、隠すことなく語るという意味です。ビジネスの会話でふさわしい言い換え表現としては、「隠すことなく」という意味の「有り体《てい》にいえば」があります。ほかに、「率直にいうと」、「本音をいうと」なども近い言葉です。

❸了解しました

理解するという意味と承認するという意味の両方が含まれています。このことから、上司に対して「了解しました」は、いい使い方とはいえません。「聞く」の謙譲《けんじょう》語で承諾したという意味の「承《うけたまわ》りました」、かなりていねいな言い方としては「かしこまりました」と言うのが適切です。

❹大丈夫です

「その仕事、一人でできる?」「大丈夫です」のように「YES」というニュアンスでの使い方のほかに、最近は「具合が悪いの?」「大丈夫です」、「お飲み物はいかがですか?」「大丈夫です」というように、「心配ありません」、「必要ありません」といった拒否の意味でも使われるため、意味が取りにくいことがあります。「心配ありません」なら「問題ございません」「差し支《つか》えありません」と言ったり、「不要です」ということを言いたいなら「お気持ちだけいただきます」と言うほうが伝わりやすいでしょう。

ONE POINT　「頑張ります」一本やりでなく、「全身全霊をささげる」「最善を尽くす」「鋭意努力する」「尽力する」といった言い換えをマスターしましょう。

▼整理能力は、話の散らかり具合にあらわれる

より細やかなニュアンスが伝わる言葉を自分のものにし、その場の状況に合った「言い換え力」をもつ。これは大人のコミュニケーションの基本であり、読書によって身につけることができます。

一方で、とくに社会に出てからのコミュニケーションとして、「話を簡潔に順序立てて伝える」ことも重要になります。しかし、複雑な話を詳しく正確に伝えようとすればするほど、脈絡がなくなったり、細かな内容に入りすぎたりして、聞き手にとってわかりにくい話になってしまいがちです。

これはつまり、**人に話す前に、話題の優先順位づけや、文脈的なつながりの説明を自分のなかで整理する「構造化」ができるかできないかの問題です。**大人でも話の構造化を苦手とする人は多いのです。

話の構造化を苦手とする人は、たとえば、上司からある企画についてのプレゼンテーション用資料の作成を任されたとき、テーマの本流からズレた枝葉末節《しようまっせつ》なデータまで懇切丁寧に拾ってしまい、膨大な量の資料をつくって上司を呆《あき》れさせるといった事態を生

じさせてしまいます。

限られた時間のなかでこうした的外れなことをしないために重要なのは、いかに短時間で有用な情報をピックアップできるか、要は不要と判断したものを捨てられるか、という情報の取捨選択です。

まず、上司には経過を報告し、どう絞り込んでいくかという観点でアドバイスを求めます。ここまでは常識の範囲です。もっと重要なのは、**自分なりに全体像をつかみ、伝えるべき結論を見据えて逆算し、情報を取捨選択していく判断力を身につける**ことです。

これは、一朝一夕には難しいものの、資料に接するたびに自分なりの濾過《ろか》装置を用意し、一度そこを通すクセをつけていくと、新しい資料に目を通すたびに、その情報が自分の目的とすることにとってどのくらいの重要性をもつのか、自分なりに予測することができてきます。

そのイメージをつかみ、より聞き手にわかりやすく伝えられるようになるには、場数を踏むしかありません。

たとえば重要なプレゼンテーションの前には、チームの仲間や同僚を聞き役に

ONE POINT　「伝える」とは、相手に自分の発言を丸暗記してもらうことではありません。相手とイメージを共有するということです。

見立てた予行演習がよく行なわれます。しかし、滑舌《かつぜつ》がいいかどうか、段取りが適切かといったことのチェックだけでなく、積極的に質問をぶつけてもらいましょう。それによって説明の文言の変更、資料の過不足なども見えてきます。

質問することを前提に聞くということは、聞き手にも集中力が求められます。話し手の論理の穴を見つけたり、飛躍を指摘したりする訓練は、自分がプレゼンテーションをする際の参考にもなるはずです。

▼資料をランクづけするだけで、一気に伝わりやすくなる

話を構造化するための情報の取捨選択、この作業の延長線上として、資料をランクづけする方法があります。

たとえば私の場合、学生の成績評価で慣れ親しんだ「A」、「B」、「C」、「D」を資料整理にも導入しています。「A」はすべての情報の根幹になるような第一級の資料、補足的に使えるものは「B」と「C」、なくてもいいようなものは「D」に分類します。

全資料のなかで「A」は約20%、「B」は30%、「C」と「D」はそれぞれ25%程度になるように調整します。ランクづけした時点で、「C」と「D」は、ほぼ使わないと見なすことができるため、これで資料は一気に半分まで絞られることになります。

ここからが重要です。当然ながら、「A」の資料のなかにもピンからキリまでが存在します。学生の成績評価でたとえるなら、ギリギリ「A」という評価もあれば、視点や論旨が秀逸で、文句なく「A」というのもある。こういうとき、後者には「S」というランクをつけます。学生のレポートの評価と仕事上の資料整理とでは性格が違うものの、**「S」が選別できると、「S」を中心にして他の資料も整理できます。**

その典型例として、私が総合指導を行なっているNHK Eテレの番組『にほんごであそぼ』のケースを紹介しましょう。

『にほんごであそぼ』の役割の一つは、日本語の膨大な海のなかから、『平家物語』の「祇園精舎の鐘の声」、歌舞伎の通称『白浪《しらなみ》五人男《ごにんおとこ》』の「知らざあ言って聞かせやしょう」、付け足し言葉の「おっと合点承《がってんしょう》知《ち》之助《のすけ》」といった、名言や面白い言葉をピックアップして紹介することです。

かなりの長寿番組なので、取り上げた言葉の数も膨大《ぼうだい》になり、管理もなかなか面倒です。とりわけ、新しく入ってきたスタッフにとっては、言葉のリストだけを見せられても、どの言葉が番組でより多く取り上げられたか、好評を博

ONE POINT　「こんな話があった、あんな話があった」と断片的に羅列する。話の優先順位づけができない人は、「仕事慣れしていない」と思われます。

したかといったことはわかりません。そこであるときから、これらの言葉を「A」、「B」、「C」、「D」でランクづけすることにしました。

番組で最も使う頻度が高いものを「A」とし、そのなかでもとくに日本人にとってなじみ深い、つまりぜひ次代に継承したい言葉を「S」としました。たとえば『枕草子』の「春はあけぼの」や、宮沢賢治《みやざわけんじ》の詩の「雨ニモマケズ」などがこれにあたります。これによって、番組がどういう意図でつくられているのか、何を目指しているのかは、「S」だけを注視することで、誰の目にも明らかにすることができました。

これは、どんなシーンでも応用できます。たとえばプレゼンテーションの資料として、グラフがいくつかあったとします。配布資料で、すべてのグラフの大きさやフォーマットを統一することは適切でしょうか？

分厚い資料を渡しても、かえって焦点が散漫になるだけです。**事前にA〜Dでランクづけし、提示するのは「A」だけか、あるいは「B」までで十分です。**

さらに「A」のなかから選別した「S」のグラフを紙1枚に一つずつ大きくレイアウトし、そのほかの「A」や「B」については、1枚にまとめることで、何を伝えたいのかがより明確になります。

このようなメリハリをつけることも、説明の内容を「構造化」して伝えることに一役買うのです。

▼A４の紙１枚に「箇条書き」で省エネ

以前、広告代理店の依頼で、ある記者発表のプレゼンテーター役を務めました。かなり大がかりなプロジェクトで、広告代理店が作成した資料は分厚く、すべてを読み込むとしたら軽く2~3時間はかかりそうな分量です。にもかかわらず、実際の打ち合わせに要した時間は会見直前のわずか10分で、本番も、無事に数十分にわたって話し通すことができました。

その理由は、広告代理店の担当者が、Ａ４の紙１枚にポイントをまとめてくれていたからです。それも3~4個の箇条書きで、「この部分だけ強調してください」という、きわめてシンプルでわかりやすいものでした。

私がここで求められた役割は、基本コンセプトを把握したうえで、私なりの知見を加えて説明することでした。つまりコンセプトさえ教えてくれれば十分であり、Ａ４の紙１枚が、それを可能にしてくれたのです。

ONE POINT　資料のなかで注目してほしい数字は赤ペンで囲む。重要な記述には赤でラインを引くと、よりメリハリがつきます。

この例は、日々の仕事でも応用できます。たとえば取引先との交渉で、詰めの段階ではじめて上司が登場することはよくあります。上司は必ずしも交渉の経緯や全体像を把握しているとはかぎらず、余計な発言をされたり、逆に言うべきことを言わなかったりすると、まとまる話もまとまらなくなるリスクがあります。

しかも上司は忙しいことが多く、交渉の一部始終を説明する時間がもらえないようなとき、リスクは残ったままです。そんなときに効力を発揮するのが、先に述べたA4の紙1枚ということになります。

そこには、交渉の進捗《しんちょく》状況や問題点、交渉の場で上司の口から強調してほしいポイントなどを、メモ程度に記しておきます。細かい説明は不要なため、箇条書きでせいぜい3～4個にまとめれば上出来でしょう。経験豊富な上司であれば、その資料にざっと目を通せば、準備としてはほぼ完璧になります。時間もさしてかかりません。

これは自分にとっても、上司にとっても有益です。重要なのは、誰に対して何を言うべきなのかという「立ち位置」を確認することなのです。

このように、情報を簡潔に伝えるために欠かせない「箇条書き」ですが、使い方にはテクニックが必要です。単語を1つ書き出すだけでは具体性に欠けますし、その反対に数行にも及ぶものは、箇条書きにした意味が薄れてしまうからです。

ときと場合にもよるものの、箇条書きの基本的なルールは大きく３つあります。

まず、**一つの項目の長さを1〜2行にする**ことです。A４の紙にレイアウトした場合、通常、1行の文字数はだいたい30〜40字になります。つまり、短くても30字程度、長くても80字程度にまとめます。

２つ目は、**具体性を追求する**ことです。1行目で要点を述べたら、２行目に具体例を挙げるぐらいでちょうどいいでしょう。もし、要点をまとめるのに２行必要なら、それだけで終わらずに、３行目に例を書きます。「要点＋例」の２段階で、相手も格段にイメージしやすくなるでしょう。

３つ目は、**課題を提示する**ことです。相手に対する提案だったり、レスポンス（反応・応答）を促《うなが》したり、一緒に何かを考えてもらったりする場合、具体的にどう動いてほしいかを記しておきます。

たとえば、「この部分を解決するアイデアはないでしょうか？」といった具合に問いかけ、他の項目と区別するために末尾に「？」をつけておく、このように疑問型の項目をつくるのも一案です。

これらの条件を整えることで、口頭で説明する時間は大幅に減ります。すぐに

ONE POINT　クリアで切れのいい思考を身につけたい人は、デカルトの『方法序説』を読んでみましょう。

本題に入れる、これは忙しい人にとって、何よりありがたいことのはずです。

3つの「?」と「!」に徹底してこだわる

最近、クイズ形式を取り入れた情報番組が増えていますが、その理由は簡単で、視聴者を引きつけるためです。もしそれが、一方的に「〇〇は〇〇である」という情報を流すだけのかたちにつくり変えたとしたら、不特定多数の人の心まではつかめないはずです。

私たちは、何かを問われたら、つい反射的に答えようとする性質があります。つまり、**問いを投げかけられることで、何となく心を開いてしまう**のです。

私は授業づくりの専門家ですが、教師志望の学生たちに、授業の時間を3つのブロックに分けるよう指導しています。

一つの大きなテーマを設定し、それを3つの小テーマに分解する。その3点について考えることで、全体の骨格がより明確になります。そのときは必ず「問い」のかたちをとることにします。

たとえば大テーマとして「なぜ日本は近代化に成功したのか」という問いを立てたと

したら、これについて、「欧米のシステムを導入するのに政府はどのような策をとったのか」、「民間の経済はどのように発展したのか」、「明治の教育はどのような役割を果たしたのか」といった3つの問いを立てる。3つの問いを考えることで、大きな問いへの理解が深まることを目指すのです。

もちろん、「○○は○○である」と言い切るかたちで命題を提示することもできます。しかし、それでは生徒の思考の幅を狭めてしまう気がするし、第一、面白くありません。

私は、講演会の際も、最初に何かを問いかけるようにしています。謎解きを展開する私としては話がしやすく、聞き手はその問いを頭に置きながら話に耳を傾けることになりますし、さらにわかったときのスッキリ感も大きくなります。必然的に、講演会場はおおいに盛り上がるわけです。

仕事でのプレゼンテーションやコミュニケーションでも、同じことがいえます。まずは問いで相手の興味や関心を引き、一緒に考えることで解を導き出す。むしろ「コミュニケーションは問いからはじまる」と決めてかかったほうがいいかもしれません。

ONE POINT　「問い」は、人類にとってなくてはならないものです。「?」が「!」に変わる瞬間は、誰にとっても快感なのです。

そのうえで、**「一つの大きな問い（テーマ）の下には、必ず3つの小さな問いがある」**という前提のもと、これをフォーマットとして話の全体像を構成するのです。

ポイントは、いかに小さな問いで相手の興味を引きつけ、タネ明かしの段階で「へぇ～」と言わせるかでしょう。ただし、それが1つ、2つではまだ印象が薄く、3つ繰り出した段階で大きな問いを解き明かし、大きな納得とともに「ほぉ～」と言わせるまでがワンセットです。

これがスムーズにいけば、納得の度合いが格段に違ってくるはずで、相手も得をした気分に浸《ひた》れるはずです。つまり、**「へぇ～」3個で「ほぉ～」1個の価値がある**わけですね。

そうだとすれば、重要なのは問いの立て方になります。どうすれば興味を喚起《かんき》できるか、全体の構成の柱になりうるか。そういう観点をもつことで、話の展開をつくりやすくなります。

私は学生にしばしば「自分でも問いを3つ考えてくるように」という課題を出してきました。高度な要求のようですが、回を重ねるたびにすんなり編み出すようになってきます。要は慣れの問題です。なお、それらの問いをもとにした授業が、異様な熱気に包まれることは言うまでもありません。

▼できる人ほど「クエスチョンマーク」を使う

「問い」は書面でも有効です。具体的には、「?」の活用をおすすめします。

企画書や提案書のようなビジネス文書、あるいはデータ資料などで「?」を見かけることは少ないようですが、クエスチョンマークは問いを示す一目瞭《いちもくりょう》然《ぜん》の記号なのですから、もっと活用してもいいのではないでしょうか。

たとえばある提案について、「ここがまだ決まっていない」、「こういう弱点がある」、「ほかにこういう意見もある」といった部分を「?」で示してみる。それは、**その文書を提示する相手に対して「一緒に考えてほしい」、「決断してほしい」という意思表示をするということ**でもあります。

相手側にとっても、とりあえず「?」だけ見れば課題がわかり、その部分の解決に向けて集中的に考えればいいということにもなります。

ただし、「?」の数は厳選して3個程度にとどめ、それらが解決すれば一つの大きな課題が片づくように仕向けられることが理想的です。

たとえば、あるイベントの開催にあたり、「どうすれば集客できるか?」を

ONE POINT　説得で大切なのは「共感してもらう」こと。それには、「?」という穴を作り、相手と共にアイデアを考え、そこを埋めていくのが最適です。

大テーマとする会議を開いたとします。そのとき、「会場は○○でいいのか?」、「プログラムに○○を加えてはどうか?」、「告知の媒体は○○だけでいいのか?」といった3つの小さな問いがA4の紙1枚にまとめて書いてあったとしたら、出席者はどれほど助かることでしょう。

さらに、書面の場合には、**問いに対する自分なりの回答案を書いておく**ことをおすすめします。

それも1つではなく、「a案」、「b案」、「c案」と複数揃《そろ》えたほうがよいでしょう。

これによって参加者は、「a案が基本線になるだろう」、「c案はありえない」といった具合に、思考時間が短縮できます。

ただ、これはあくまでも思考のきっかけをつくるためで、3案のどれか、というように方向を限定するものではありません。それを防ぐためには、「c案」の下に「d案」として空欄を設けておく方法があります。これがあれば、「a~c以外の案があれば自由に書き込んでほしい」というメッセージになります。

1枚のA4の紙で、確実に豊かなコミュニケーションが可能になるのです。しかも、これを繰り返して「問い」の感覚をつかむと、会話のコツも会得できるようになります。

習慣化して損はありません。

▼伝えたいことを最初に言うと、集中して聞いてもらえる

食事で、好きなものは最後にとっておくという人は少なくありません。私もその一人ですが、人にものを伝える際には、これではいけない理由があります。むしろ真っ先に、食べてもらいたいものから提供する必要があるのです。

たとえば私は取材を受けるとき、スケジュールの都合から、1日に何本もまとめて受けることがよくあります。30分ずつ4本を合計2時間で、といった具合です。

時間がズレこんでしまうと、次に待つ方々全員に迷惑がかかる。こういうときは**まず重要な部分から順番に話をする**ように心がけ、もし時間切れになっても、話せなかったのは瑣末《さまつ》な部分だけ、となるようにしています。

このように心がけでもしないと、とくに日本人の話はスタートダッシュが遅く、なおかつずるずると長くなり、最も重要な話が最後になるか、あるいは時間オーバーで話せないまま終わってしまったりすることがありがちです。

ONE POINT　どこで時間が切れてもいいように、大切なことを先にどんどん伝えておく。これができる人とできない人の差は大きいのです。

話が長くなる原因は、ひとえに重要な話を後回しにする習性ゆえです。ストーリーを考えて話す以上、オチに至るまでは終われない、という感覚があるか、途中で興が乗り、つい予定外のエピソードまで追加してしまうこともあるのかもしれません。しかし実際のところ、**長時間にわたって熱弁をふるっても、メッセージの伝達率は意外と低いものです。**結婚式のスピーチを思い出せばわかる通り、長い話には、聞き手は途中で飽きてしまいます。

まず重要な話からスタートする。そして予定時間が来たら、きっちり止める。これが人と話をする際の大原則です。

たとえば会議で最初に重要な話をしたところ、議論がそこに集中して、当初予定していた議題の一部しか消化できなかったとします。

でも、会議にとって最も重要なのは、その場で意思決定をすることであり、そのために時間を費やすことは、決してムダではありません。少なくとも、瑣末な話題についての意見交換に終始し、重要案件を協議する時間がなくなってしまうよりは、よほど建設的です。

まして、自分が上司や周囲を説得しなければならない立場だったとしたら、訴えるべきものを冒頭にもってくるのは当然です。

それによって重要案件の重さが際立ち、「ただちに意思決定や意思形成をしてほしい」という思いも伝わるはずです。

ONE POINT　仕事のミスを謝るときも、弁解や周辺の説明が先に立つと、内容以前の問題として、相手はイライラが募ってきます。

第Ⅱ部 会話の最重要ポイント

現代社会では質の高いコミュニケーションが要求される。誰もがコミュニケーションの大切さを自覚する一方で、日本人がかつては意識せずに行なうことができていた、他人との息や気が通じ合う「対話力」は落ちてきているように感じられる。

コミュニケーションとは非常に広い意味をもつ。そこで、問題をよりクリアにするために「レスポンス（反応・応答）」という言葉を用いて、その内容を絞り込んでみたい。

社会生活を送るにあたって、レスポンスは、よいほうが絶対にいいと言い切れる。たとえば、「ポジティブな人」は人材募集の際の必須条件だ。仕事のチームで、ネガティブな思考をもつメンバーの機嫌をとりながら仕事をするのは、煩《わずら》わしい。就活や転職の面接で、打てば響くようにレスポンスのいい人が注目されるのは当然だ。一緒に仕事がしやすそうだし、余計な面倒をみなくて済みそうな印象を与えるからだ。

レスポンスといっても難しいことではなく、相手と目を合わせる、うなずく、微笑《ほほえ》むことだ。それも、大げさである必要はなく、自然に身についたもののほうがいい。そうした反応が、会話の潤滑油《じゅんかつゆ》となり、コミュニケーションが深まっていく。そのような「響く身体」をもっている人は、話し相手からの好感度も上がる。

響く身体のよさは、「聞く力」にも結びついてくる。聞く力とは、ただ人の話を聞くだけではなく、そこから刺激を受けて返せることだ。聞くという受動的な態度のなかにも、話を要約する、再生する、質問するといった、「積極的な受動性」が求められる。

私たちはとかく話す能力に目を奪われてしまいがちだが、人間関係に難がある人を観察すると、聞く力を重視してこなかったのではないかと推測できる。周りを見ても、聞き上手なのに人間関係がヘタという人はあまりいないが、話し好きだが、人間関係がうまくいっていない人については、簡単に思い当たるのではないだろうか。

聞く構えの基本形を身につけておくと、世の中でとても重宝される人材になる。なぜなら、誰もが自分の話を聞いてほしいし、聞くという行為は、相手が満足することに直結しているからだ。

無反応な「冷えた身体」の人が集まる「冷めた社会」では、冷えた身体をあたため、人の言葉を聞き入れることのできる「ゆとり」が必要になる。大切なのは、異質なものとの出会いから受ける刺激を、ポジティブなものとして受け入れてみることだ。それが、冷めた社会を変える一つの力になっていくはずだ。

第4章 対面力アップの極意

▼現代は、とかく無反応に厳しい時代

たとえば、通りすがりに子どもとぶつかり、子どもが転んだのにそのまま通り過ぎてしまう、といった人を見たことはないでしょうか。そうした無反応な「冷えた身体」になってしまっている人は、自分がいかに無反応かということに気がついていません。

私たちは、みんな「自分は普通だ」と思っています。しかし講演会で５００人の聴衆を目の前にすると、そうでないことはすぐにわかります。とくに聴衆の大部分が中高年男性というとき、私は「空気が重い」と感じます。

では、男性ばかりだと空気は重くなってしまうのかといえば、そんなことはありません。小学校3年生の男子を想像してみればわかるように、重いどころか軽すぎてうるさいくらいです。小学校3年生の男子は、うるさいくらいの大声で「吾れ十有五にして学に志す」と『論語《ろんご》』を暗唱してくれます。

しかしそれが大人になったときには、私が「せーの」と掛け声をかけてもシーンとしてしまう。小学生のときは反応のよかった人が、年齢を経るとなぜかどんよりとした重い身体になってしまう。**もし、そうなってしまったら「人間として退化してしまった」と認めたほうがいいと思います。**

反応が悪いよりも、反応がよいほうが絶対にいいと言い切れるのです。

その大きな理由は**「反応しづらい身体の人は、学びづらい」**ということです。

学校の勉強だけならまだよしとして、会社の仕事にしても、人とのコミュニケーションのなかで何かを学んでいく場合には、レスポンス（response）、つまり反応・応答というものが非常に重要です。

たとえば一緒に仕事するメンバーを募《つの》るとき、応募者のなかに反応のいい人と悪い人がいたら、やはり反応のいい人に好感をもちます。それは、一緒に仕事がしやすいからです。チームのなかの、「悪い人ではないが、無反応」といった人の機嫌をとりながら仕事をするのは、仕事に割《さ》くエネルギーが無駄になります。

さらに、そもそも、まったく無反応の「冷えた身体」の人というのは雰囲気からして怖い。もちろん、過剰に反応しすぎるのはわざとらしく、迷惑にもなりま

ONE POINT　レスポンスできない状態とは、心身が硬くなっていたり、閉じていたりと、あちこちにブロックをつくってしまう状態です。

すが、的確に常識のある範囲で反応してくれる人というのは、行動を見ているとわかります。

教室で学生を見渡すと、反応のいい人と、いま一つである人の差は歴然としています。反応の良し悪しが絶対的な能力かというと必ずしもそうではないのですが、どうしても「反応のいい身体」をもっている人のほうが、チャンスを得やすい。つまり、能力が同じであれば、レスポンス力がある人のほうがいい仕事に恵まれるのです。

▼レスポンスは人間関係の潤滑油である

私たちが小さな子どもを「かわいい」と感じるのは、たとえば、話しかけると笑いかけてくれるというように、相手と自分との間で感情の交流が感じられるときです。たとえふくれっ面であっても、レスポンス（反応・応答）がしっかりと返ってくると、心が通い合う気がしてホッとする、そのことが「かわいい」と感じさせるのでしょう。

心が通い合っている気がする、ということを、身体のレベルで考えてみます。**自分が真剣に話をしているときに、相手がうなずいてくれると、とても話がしやすくなります。**つまり私たちは、相手のレスポンスに勇気づけられて次の行動に踏みだすことができ、そこには、相乗効果があるのです。

うなずくことが技となっている人と話していると、身体全体がリラックスしてきます。自分の話が受け入れられているという感触をもちやすいのです。

講演会などでは、話の内容の理解とは別にしきりにうなずく人もいますが、これは、講演者に対する配慮のあらわれです。こうした聴衆のレスポンスによっても、講演はしやすくなります。

レスポンスとは、いままでの例のように、微笑《ほほえ》んだり、うなずくことのほかに、相手と目を合わせたり、声を出したりするといったことです。それぞれは小さなことのように感じられますが、**そうした反応が会話の潤滑油となり、次の言葉を誘いだしやすくするのです。**

それに対して、無表情で何のレスポンスもない人を前にすると、徐々に話がしづらくなってきます。会話の最中、必ずしもうなずかなくてもいいのですが、身体と身体の間で交わされるレスポンスのサインが何もない場合は、「気が通い合わない」という感じがしてきてしまう。

レスポンスする力を発揮することで、相互のやりとりは活性化するのです。

ONE POINT　一言一言の短い応答のなかに、お互いの関係をどう捉えているのか、どう発展させて盛り上げていきたいのかといった姿勢があらわれます。

▼気持ちのいい関係性をつくる基本事項

他者からの働きかけに対して、何らかの応答をする「レスポンスする力」は、コミュニケーションの重要な部分を占めます。

レスポンスを返してくれる人とは結果としていいコミュニケーションが生まれるのに対し、反応が鈍い冷えた身体であれば、働きかけをする側も疲れてしまい、やがて両者の関係は冷えてきます。

私たちの言語的なやりとりの基礎部分は、身体レベルの反応による影響を受けているのです。

会話における聞く側のマナーの第一は、「きちんと聞いています」ということが相手に伝わることです。ポイントは5つあります。

❶目を見る

私は目と目が合ったときに、人と人との間に線がつながると考えています。日本では、じっと相手の目を見ることは好ましくない、という感覚もまだ残っていますが、「目が合う」という瞬間は、目と目の間に道が通じ、心が通じる感覚を生み出すのです。

話すときのイメージは、まず、目を合わせて相手と自分との間に線を引いておき、その上に言葉をのせていきます。するると、言葉が相手に届きやすくなるのです。

大人数で話すときの留意点は、アイコンタクトの偏りです。どうしても活発な人、口数が多い人に目が行きがちですが、視線を向けられることが少ない人は、会話のなかに入れてもらえていない印象を抱きます。

一般に、口数の少ない人には視線を向けることが少なくなりやすく、その人は余計に会話の輪に入っていけなくなるのです。均等に目配りするのが望ましいものの、話す側の意識としては、言葉数が少ない人や反応の薄い人、隅の席にいる人に、より多めにアイコンタクトするといいでしょう。

大人数に向かって話すときにも、一人ひとりときちんと目を合わせるくらいの気持ちで話すと、場をつかむ感覚が生まれます。

たとえば、私が教室に入って30人の学生を前にしたら、学生たちとの間に1対30の、合計30本のアイコンタクトの線を張り、その線を何度も張り直していきます。教師が自分のほうを見てくれないということがないように、全員に均等にア

ONE POINT　人と目を合わせるのが苦手なら、相手の片目や片眉に焦点をあて、2秒くらい見るだけでも「きちんと聞いている感」が出ます。

イコンタクトを送り続けます。

アイコンタクトで線を張り、それを増やしていくことで、場の空気はあたたまってきます。視線は他者との通路のようなもので、お互いに目を見ていると、心が吸い込まれる感じがしてきます。

目を合わせる時間は1、2秒で十分です。そのとき、視線だけでなく、できるだけ胸を向けるようにすると、より意識の線がつながりやすくなります。

❷微笑む

話している相手に対して軽く微笑むことは、相手を受け入れているというサインになります。

人は、自分が、受け入れられているかどうかを気にしながら話しているものです。**身体全体がほぐれて内側から微笑みが生まれていれば、相手に対して身体を開いているということが伝わります。**受け入れられているとわかれば、話し手は安心し、話がしやすくなっていよいよ盛り上がります。

しかし、聞き手が無表情のままでは、話し手は「話が伝わっていないのだろうか」、「面白くないのだろうか」、「私は不快感を持たれているのだろうか」と、不安になってくるものです。そうした居心地の悪さをもつと、話そのものも影響を受け、内容がつまらなくなっていってしまいます。

気をつけたいのは、こちらに拒絶や嫌悪の気持ちがないにもかかわらず、微笑みがないために相手には不機嫌そうに映り、不安を抱かせてしまうケースです。微笑自分の話に微笑んでくれる人と無表情の人がいれば、微笑んでくれるほうの人と、より長く話をしたいと思うのは当然のことです。

講演などで、参加者たちのリアクションがいま一つのとき、私は「からだほぐし」をしてもらっています。椅子から立ってその場で軽くジャンプするのですが、高く飛び跳ねる必要はなく、**軽く跳んで肩の力を抜く**イメージです。「ジャンプ、ジャンプ、肩をほぐす～、ジャンプ、ジャンプ、肩をほぐす～」

こんなリズムで、「肩をほぐす～」のところで肩を回します。全身を揺さぶる感じでこれを4、5回やると、肩甲骨《けんこうこつ》が動き出します。

これをやって座り直してもらってからは、質問をすると参加者から手が挙がるようになってきます。ジョークに対して笑いも起きやすくなります。

ONE POINT　口角の上がり具合にこだわるよりも、軽くニッコリする、声を上げて笑うなど、笑いのバリエーションをもつほうが大事です。

❸あいづち

先に述べたように、うなずくことは「あなたの話をしっかり聞いています」というサインであり、気持ちの上であなたを受け入れています、という意味合いをもつのです。

このように、相手の人格に対して肯定的な構えになっていることを伝えることの効果は大きなものです。なぜなら**自分を感情的に受け入れてくれている相手の言うことには、耳を傾ける気になる**ものだからです。

うん、うん、と、うなずく、「ああ、なるほど」と、あいづちを打つことの延長線上にあるのが、「キーワード返し」です。

たとえば相手が「一番の問題はストレス耐性なんだよね」と言ったとする。そこで、「なるほど、ストレス耐性ですか」と相手が口にした言葉のなかのキーワードを繰り返します。

このとき、自分のなかで相手の言葉を噛《か》み締めるようにして、その言葉を共有します。それによって話し手は、自分の言ったことがきちんと受け止められて相手に届いていることに心地よさを感じます。語彙《ごい》の共有は、感覚の共有につながりやすいのです。

人間の脳にはミラーニューロンという神経細胞があるといわれています。これは、相手の行動を見ているときと、自分がそれと同じ行動をしたときとで、同じ反応が脳内に起きる現象を指します。つまり、相手がうなずいたらうなずく、笑ったら笑う。そうすることで場の共有度が高まっていきます。

ミラーニューロン的に相手の行動を真似していると、真似をされた相手の好意を生み出すことができるといいます。

あいづちが、コミュニケーションにとって重要な役割を果たすことは、無言の相手や「あっ、そう」というそっけない反応によって逆にわかります。一生懸命話しているとき、あっさりと「あっ、そう」と言われると、傷ついた気持ちになり、そこから先の話をする気が失《う》せてしまいます。若い人の反応に多く見られる「ああ」という間《ま》の抜けた応答もしかりです。

そのあいづちは、会話に追い風を吹かせているのか、方向性を変える別角度の風を吹かせているのか、あるいは向かい風になってはいないか。そうしたことを意識して話すと、応答の技術は向上していくでしょう。

ONE POINT　「あ、それありますね」というのを１分間に２回くらい言われると、「何でも知っているふうに反応するなよ」と不信感がこみ上げてきます。

❹臍《へそ》を向ける

臍を相手のほうに向けるとは、身体の中心軸を対面相手に向けることです。顔だけを相手のほうに向けているのなら、どこか「心ここにあらず」な雰囲気がかもし出され、真摯《しんし》に話を聞いている雰囲気になりません。常に自分の臍が相手のほうを向くように身体を動かしましょう。

対人関係に自信のない人は、相手の目を見るということがなかなかできません。しかしそんな人でも、臍を向ける姿勢で向き合うと、きちんと聞いている雰囲気になります。

たとえば、会議の席で誰かが発言するときには、椅子の上でお尻を軽く動かして発言者に臍を向ける。講義や講演など大勢で話を聴くときも、話し手に臍を向けて聞くようにします。たったこれだけのことですが、**臍を向けることでその場への参画感が高まり、会場全体の雰囲気も一体化してきます。**

中学校や高校での講演で、体育館に横一直線に椅子が並べられているようなとき、私はまず椅子を動かしてもらうところからはじめます。話し手である私のほうに臍を向けるように座り直してもらうのです。これを行なうようにしたところ、以前よりも場の空気があたたまりやすくなりました。

臍までは動かしにくい場合は、せめて胸を向けるようにしてください。

❺胸を開く

「他者に対して身体を開く」ということは、すべての表現の基本になります。

歌舞伎役者の五代目坂東玉三郎さんが「胸を開くことが感情の基本」だと私に教えてくれたことがありました。「悲しみの感情であっても、胸を開くことが基本です」と。もし、役者の身体がオープンに表現できない状態であるとしたら、芝居をするときにどんな感情も表現することができません。

「胸を開く」は抽象的な言い方ですが、相手に自分を、閉じないで開いていく構えです。イメージとしては、**オープンな感じで、相手に対して恐れることなく、気後れすることもなく、攻撃的になることでもなく、内にこもるのでもなく、すっと向き合う。**

面接でも「胸を開いて」話せる人は、言葉や態度に人となりがあらわれているものです。その人らしさが出るので、面接官も「次にもう一度会ってみよう」と思います。あまりにも自分を出せないと「どんな人なのかわからなかった」ということになってしまいます。

ONE POINT　身体を対面相手にしっかり向けることは、話すときの基本。身体の動きを大事にすると、訴求力がいっそう高まります。

私の教え子の女子学生で「先生、私は就活で絶対に面接官を笑わせてきます」と宣言した人がいました。彼女はその言葉の通り、面接官の大爆笑をとり、次々と内定を獲得していきました。きっと、面接の場での受け答えの柔軟性が評価されたのでしょう。**情熱や柔軟性というものが身体からあふれているとき、相手に対して表現ができているということになります。**

もちろん、身体が閉じていて外からは暗い印象で見られている人も、実はとても能力の高い人であるという場合があります。非常に人間嫌いの天才であるという場合もあるでしょう。それはそれでいいのですが、いまは理系の職種であってもチームで仕事をすることが多くなっています。それもスピード感が要求されるようになっている。チームで、ハイスピードで仕事をこなしていかなければならない状況で、ある程度「開かれている」ことは、最低限必要なのです。

理系のノーベル賞受賞者を見てみても、たとえば小柴昌俊《こしばまさとし》先生、益川敏英《ますかわとしひで》先生、山中《やまなか》伸弥《しんや》先生、赤崎勇《あかさきいさむ》先生、大村智《おおむらさとし》先生、本庶佑《ほんじょたすく》先生、吉野彰《よしのあきら》先生と皆さん大変「開かれた」印象です。

▼いつでも「コメントができる」は武器になる

「コメント」という言葉はすっかり日本語として定着しました。何らかのことがらに対する自分の認識を、一言で表現するのがコメントの基本です。

コメントをするときは短く語ることが基本です。イメージしやすいのは、書籍についている「帯」に書いてある宣伝文句です。書店に平積みになっている本の表紙の帯をざっと見れば、一冊の本に対して、さまざまな言葉で語っているコメントに出合えます。そこにはよく練られた、インパクトがある言葉が並んでいます。

つまり、コメントとは、「よかったです」、「どちらともいえない」といった、ありきたりな感想のことではありません。**コメントには自分の認識を述べ、そのことがらに対する価値判断、態度を明確にするなどの踏み込んだ内容が求められます。**

英語でよく「ノーコメント」というように、欧米ではコメントをしないということが、明確な態度表明になるほどの重みをもっています。それに対して日本人

ONE POINT　おざなりなコメントしか返せないとすれば、相手はその人の自分に対する誠意を疑うことになります。

は総じてコメントが不得手です。

欧米に比べて日本人のコメント力が乏しいのは、コメントは一つの責任であるという意識が希薄だからではないかと私は思います。

コメントは、何かを見たり聞いたりしたことに対するレスポンスなのです。何かを見たり聞いたりしたとき、ある種の「責任感（レスポンサビリティ）」をもって応答するのがレスポンスで、コメントには相手の存在を認める意味が含まれています。

「で、いかがでしたか?」と問われて、何もコメントができないとすれば、相手が話をしてくれた労力に対して失礼になります。これは英語力のありなしといったことは、関係ありません。

日本で従来尊重されてきた、言葉がなくとも雰囲気で伝わるという考え方は、残念ながら、ワールドスタンダードではありません。意味のあるコメントができなければ、とくに国際交流の場では厳しい評価を受けることにもなります。

▼ 3秒で「次の人にパスを回す」が鉄則

相手の発言が一区切りつき、「君はどう思う?」と意見を求められたとき、「え〜っと」などと時間稼ぎをするようでは、いかにも頼りなく見られてしまいます。間髪を容《い》れずに、しかも気の利いたコメントを発してこそ、周囲を唸《うな》らせることができるのです。

では、どうすればそうなれるのか。私の授業には、「3秒ルール」なるものが存在します。たとえばあるテキストを全員で読み、私が「これに対して何かありますか？」と問いかけたとき、**3秒以内に回答がなければノーコメント（全員ダメ！）と見なす**、というものです。

授業にかぎらず、概して日本人の会議には〝間《ま》〟が多い。ざっと30秒ぐらい沈黙してしまうことはザラにあります。「まだ資料（テキスト）を読み込めていない」とか、「もう少し整理してから話す」というのがその理由のようですが、私に言わせれば、これはまさに「下手《へた》の考え休むに似たり」です。

読み方が中途半端だったとしても、その段階で考えたこと、思いついたことを即座に述べたほうが、よほど脳の活性化につながります。そういう発言が複数重なれば、しだいに整理もできてきます。それを体感してもらうために生み出したのが、「3秒ルール」なのです。

こういう授業に対し、あくせくしすぎではないか、という意見もあるでしょう。

しかし私が目指しているのは、いわばサッカー・スペインリーグのＦＣバルセロ

ONE POINT　「何かご意見、ご感想は？」と聞かれてから考えるのでは遅い。常にどんなコメントをするか考えながら吸収しましょう。

ナの高速パス回しなのです。一流のプレーヤーが恐ろしいほどのスピードでボールを回し、あっという間にゴールを決めるという、あのスタイルです。

ここで要求されるのは、「ポジショニング」です。必ずしもテキストの全体像を把握していなくてもいい。人のコメントを聞いて触発されたり、あるいは関連すると思えるタイミングまで待ち構えてコメントする。**それによって次の人に橋渡しができれば、とりあえず役割を果たしたことになります。**いかに議論の流れを読み、場に貢献できるかが重要なのです。

これは、言い方を換えるなら、人に対して意味のある発言をできる部分がどこかを考える、ということでもあります。その他の部分はばっさり切り捨ててもかまわない。これによって情報選択のスピードも増すし、情報に強弱をつけることにもなるのです。

▼「知らない」と言うことにも意味がある

「空白を3秒以内におさえる」という、この「3秒ルール」は一般の会議などでも応用できます。もちろん、時間をかけて熟慮したうえで発言したほうがいい場面もあるでしょう。しかし、普通の会議でそこまで求められることはそれほど多くないのではないでしょうか。議論の流れを読み、あるいは方向性を示し、次の発言を促《うなが》すようなコメントのほうが貢献度は大きいのです。

ただし、その場しのぎで適当に言えばいいというわけではありません。ある程度の事前準備が必要です。

以前、ある弁護士の方から「弁護士にとって最も重要なのは準備である」という話を伺ったことがあります。あらゆる方向からの質問や反論に対処できるようにして現場に臨むのが鉄則であるということでした。厳しい交渉の場で言葉に詰まったり不用意なことを言ったりしたら、たちまち形勢は不利になる。その反応速度が、信用につながるらしい。

とはいえ、普通のビジネス現場において、弁護士と同じように周到な準備をするのはなかなか難しいでしょう。そこで推奨したいのが、「要点仕分け」です。

たとえば会議のテーマやプロジェクトは、いくつかの要点に分類できるはずです。これらについて、あらかじめ**「①すでによく調べてある、または一家《いっか》言《げん》ある」、「②調査が途中で、まだ曖昧《あいまい》なところがある」、「③まったくノータッチ」の大きく3つに仕分けてしまう**のです。

そのうえで、①について聞かれれば堂々と答え、②や③ならその旨《むね》を正直に

ONE POINT　会議において、もし自分にとって①の部分が少ないなら、最初に発言権を得て①を披瀝《ひれき》しましょう。それによって会議の流れを主導できます。

述べればいい。妙に取り繕《つくろ》ったり知ったかぶりをしたり、あるいはシドロモドロになって時間を浪費するより、知らないものは知らないと潔く宣告したほうが、場のためであり、自分のためでもあるのです。

孔子も『論語』のなかで、「これを知るをこれを知ると為《な》し、知らざるを知らずと為せ。是《こ》れ知るなり」（為政第二 17）と説いています。重要なのは、わかることとわからないことの境界線をクリアにすることなのです。

そしてもう一つ、重要なのは**〝球離れ〟を早くすること**。一人の発言はせいぜい20秒程度で十分でしょう。結婚式のスピーチと同じく、長々と話すことはむしろ迷惑になる。テンポよく切り上げて、次の人にパスを通すことを考えたほうがいいのです。

▼自分なりの「ものの見方」を提供しよう

優れたコメントの基本は、目のつけどころのよさです。さらに、本質をついていれば、相手には「たしかにその通りだ」という気づきがあります。気づきのないコメントはただの感想を述べているにすぎません。人に気づきを与えることがコメントの役割の一つで、切れ味のいいコメントは、コミュニケーションを充実させます。

コメント力を磨くなら、前提として、**人はこのような見方をするだろうという常識**

的な感覚をもちながらも、あえて人が言いそうなことは言わない、という姿勢が大切です。当たり障りのない発言をしておくのがよさそうなときはコメントすることを避けるか、自分なりの角度で物事を見た発言を練り上げるようにします。

たとえば私は、「身体」を切り口にして、あらゆる物事を見るようにします。これで、コメントに自分なりの特徴を出すことができます。

ここで、精神分析などの諸学問を切り口にしてもいいのですが、専門用語といったものは良し悪しで、説明した気分になっていながら、そのことがらの本質から遠くなってしまう場合もあります。

そこで、自分なりのものの見方に、学問的な情報を付け加えてコメントすることを心がければ、聞き手に対して、より有益な情報を提供することができるでしょう。

ONE POINT

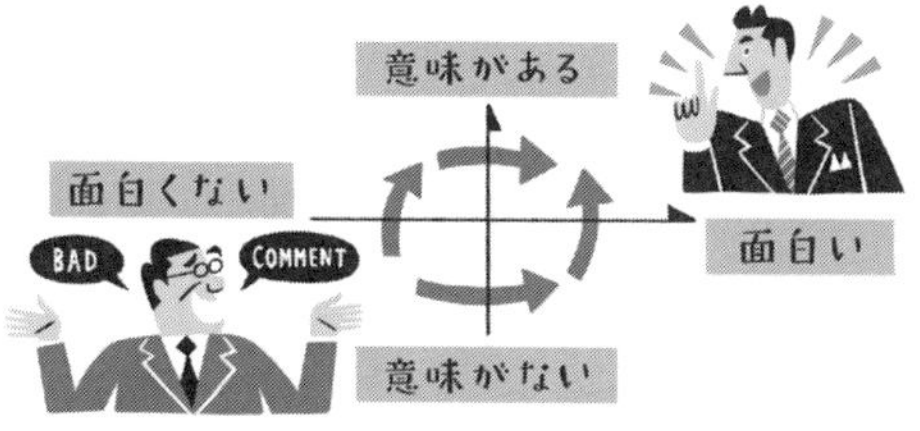

▼映画について語るなら「比較」を使う

私たちはふだん、さまざまなものを見聞きして、その都度、何かしらの印象や感想を抱いているはずです。しかし、それをいちいち言葉で表現している人は少ないでしょう。おかげで、次の瞬間にはすっかり忘却の彼方だったりする。これはある意味、きわめてもったいない話です。

そこで、試しにそれを書き出してみる。あらゆるものを対象にするのが面倒なら、**たとえば観た映画の感想とか、気になった新聞・雑誌の記事に対する意見、あるいは今日のランチの評価など限定して書いてみてください。**

最低一言でも構いませんが、「面白かった」とか「美味しかった」のような紋切り型の表現は避けること。自分の考えを文字化すると、意外と面倒なことに気づくとともに、けっこう楽しめるはずです。

この作業に慣れてくると、しだいに苦労しなくてもコメントがまとめられるようになります。あるいは映画にしろ昼食にしろ、コメントを残す前提で観たり食べたりするようになるから、より短時間で文字化が可能になります。

さらに欲が出て、自分なりにもっと気の利いた言い回しになるよう工夫したくもなる。

その成果を対人的に実践すれば、間違いなく「頭の回転の速い人」に見られるでしょう。

聞き手に「へぇ」とか「ほう」と言ってもらえるコメントをするトレーニングとして、最も簡単なのが「比較」です。

たとえばある映画についてコメントするなら、同じ監督の別の作品を引き合いに出したり、他の監督による似たようなテーマ、舞台設定、ストーリーの映画をもち出したりすればいい。そのうえで、両者の類似点や相違点を挙げていくのです。

AとBはどこが違うのか、BはAよりどこが優れているのか。これはコメントしやすいうえに、比較対象としてどういう作品を取り上げるかで独自色も打ち出せます。それに、別の作品に関する知識を得られるという意味で、聞き手にとっても有益です。

さらにアレンジを加えて、「AとBはここが違う」だけではなく、「AとCは一見違うが、ここが共通している」というCを俎上《そじょう》に載せる。

あるいは、まったく違うCとDから共通の法則を見いだし、その延長線上でA

ONE POINT　自分はどの立場で言っているのか、誰に対して言っているのか、その立場性を意識すると、より的確なコメントができます。

を語るというパターンもあります。それなりに多くの映画を観て、しかも印象をストックしておく必要がありますが、多少こじつけ気味でも面白ければいいでしょう。

ただし、比較の目的は、あくまでも作品の本質を浮かび上がらせることにあります。**どちらの映画のほうが面白いとか、点数や順位をつけるといった話になると、たちまち品位がなくなってしまう人がいます。**なぜか〝上から目線〟で「こういうシーンが足りない」とか、「自分ならこう撮る」と批判的にコメントする人が多いんですね。

批判そのものが悪いわけではありませんが、重要なのは、対象に対して最低限の礼儀をもつことです。まず作品をポジティブ評価し、あくまでも受け手としての立場をわきまえてコメントを出す。これがコメントする際のルールというものです。

▼料理の味を伝えるときはこの前置き「〜でありながら」

私たちが日常で「コメント力」を要求されることが多いのは、食べ物に関してではないでしょうか。しかし、「美味しい」以上の具体的な言葉での説明は、なかなか難しいものです。

本を読めば、文学者たちによる、料理についての気の利いたコメントに出合えます。たとえば、作家の檀一雄《だんかずお》が書いた、こんなエッセイがあります。

パリに行ったとき、檀は現地の市場でりんごを見つけます。日本の大きなりんごに対して、そのりんごはとても小さい。一緒に歩いていた在住歴5年の友人に、フランスにはこんなに小さいりんごしかないのかと聞くと、うまいから食べてみろとすすめられます。檀は、半信半疑でりんごをかじってみました。

そういわれて齧ってみると、小さいながら、なにかこう、緻密な、フクイクとした香気のようなものが感じられた。

『わが百味真髄』（中公文庫）

この一文から、私たちはとくに「〜ながら」というところを見習いたいものです。この前置きが「コメント力」の深みを増します。

まず読者は「小さいながら」という言葉で、その小さいりんごの見かけから予想していた味や食感が、いい意味で裏切られることを予想します。

前にも述べたように、「コメント力」にとって重要なのは、気づきがあることです。**新たな気づきを言葉にしたことで、ほかの人が自分も食べてみて「たしかにそうだ」と自分の気づきにしていく。**これがコメントの力です。

ONE POINT　「〜より、かえって……のほうがいい」という文型は応用範囲が広く、現状を肯定するコメントとして使えます。

「なにかこう」からは、いかにも檀が、じっくりとりんごの味と食感を確認している姿が浮かんできます。そして「〜のようなものが感じられた」という説明では、文学者ならではの表現力を感じます。

味と風味に関して、通常の場合は使わない「緻密」という言葉を使っているのは、味にまつわる言葉だけで説明するには限界があるために、あえてほかの言葉をもってきて使ったのでしょう。たしかに、ぎゅっと実がつまっており、味もつまっている感じを受けます。

「フクイク」とは、いい香りが漂う様子を指し、漢字では「馥郁」と書きます。「馥郁とした香り」からは、ゆったりとして、余裕があり、豊かで贅沢《ぜいたく》な香りという雰囲気が漂います。「馥郁たる香り」は、覚えておくといい語彙でしょう。

▼孔子のコメントがもつ威力はすごい!

コメント力のある人物という観点から見ると、傑出しているのは孔子《こうし》でしょう。**究極のコメントとは格言である**と私は思っていますが、孔子の言葉はまさに格言化して、いまの時代にも、人々に影響を与えています。

『論語《ろんご》』は、孔子とその弟子たちのやりとりを記録したものですが、そのなかでも雍也《ようや》編にある冉求《ぜんきゅう》という弟子とのやりとりは、最も印象的なものの一つです。

門人仲間では謙遜家《けんそんか》のように評されているが、それは負け惜しみや、ずるさから出る、表面だけで謙遜であることを、彼自身よく知っていた。彼は自分の腹の底に、卑怯《ひきょう》な、こざかしい鼬《いたち》のような動物が巣《す》くっていて、いつも自分を裏切って、孔子の心に背《そむ》かしているような気がしてならなかった。

下村湖人《しもむらこじん》『論語物語』（講談社学術文庫）

道を求めていると自分では思いながら、どこかで道を逃げたがっているとも感じている。迷いのなかにいる冉求は、孔子にこう問いかけます。

子《し》の道を説《よろこ》ばざるには非《あら》ず、力足らざればなり。

これに対して孔子は、このような一言を発します。

力足らざる者は中道《ちゅうどう》にして廃す。今女《なんじ》は画《かぎ》れり。

ONE POINT　中島敦『弟子』、下村湖人『論語物語』を併読すると、より孔子と弟子たちが身近になっていきます。

孔子は決して理想だけを追い求める人物ではなかったものの、学び続ける姿勢については非常に厳しく、冉求の態度を、自らを限る者として戒《いまし》めます。

現代を生きる私たちも、学問や仕事で、チャレンジする前から「自分にはとても無理だ」と諦めてしまっていることがあります。この「今女《なんじ》は画《かぎ》れり」は、私たちへのコメントにもなっているのではないでしょうか。

孔子は、おそらく冉求が迷いのなかにいることを知っており、冉求が自ら問うのを待ち、一言だけコメントを発しました。

冉求は絶望して、やる気を失ってしまったのでしょうか。私はそうは思いません。この短いコメントは、深く冉求の身体に入り込み、反復的に影響を与えて血肉化し、生涯にわたって刺激を与える働きをなしたのではないか、と思います。この話からも、機を逃さずに弟子たちに的確なコメントをし続けた孔子は、やはりコメント力の達人です。

孔子の言葉をコメントとしてとらえることに、読者は違和感があるかもしれません。しかし、**孔子の言葉がもつクリアさ、絶妙の間合いは、コメントがもちうる最高のかたち**だと私は考えます。

第5章 対話力アップの奥義

▼世の中が求めているのは「聞き上手」

確実に人に好かれる方法があります。それは「聞く力をつける」ことです。「聞く力」さえあれば、好感度はいまよりも必ず上がります。なぜ言い切れるかといえば、聞くという行為は、相手が満足することに直結しているからです。

言葉を発することは、石を池に投げ入れるような行為で、言葉が届かないとは、石を投げたにもかかわらず音も波紋《はもん》も生まれない状態のようなものです。せっかく発した言葉が相手に届かないとき、反応がないとき、人は孤独を感じます。

相手の言葉をちゃんと受け止めて、レスポンスすると、話し手は自分の言葉が相手のなかに波紋を呼び起こしている、響いていることを感じます。人はこのように、相手とつながった、響き合った、と感じたときに、はじめて相手を好きになるのです。

ONE POINT　人の話を聞こうとしないで、自分ばかりしゃべっているようになったら、すでに老化が進行中だと思って間違いありません。

打てば響く。同じ振動を共有する。この感覚が、好感度の源といえます。「聞く力」さえあれば、どんな人間関係においても、好かれることが可能になる。だから私たちは「聞く力」をつけたほうがいい。

しかし私は、人に好かれることだけを目的に「聞く力」をつけようと言っているわけではありません。私は、人生ではクリエイティブな対人関係がとても大切だと信じています。これは、**人と人との間で、何か新しい意味が生まれる**というコミュニケーションのかたちです。たとえば話しているときに、ふと気づきがあって、「ああ、これでわかった」、「スッキリした」という感覚が生まれることです。

クリエイティブな瞬間を共有した人との関係は、必ずうまくいきます。実はこれこそが、人に好かれるということでもあり、質の高い人間関係をつくる基礎となるものなのです。

▼話し好きなのに人間関係がうまくいかない人の特徴

聞き上手で人間関係がヘタという人は、あまり思い浮かんできません。しかし、話し好きなのに人間関係がうまくいっていない人のことは、けっこう思い当たるのではないでしょうか。

コミュニケーション力を見極める際に基本となるのは、お互いの会話を絡ませることができているかどうかです。なぜ会話を絡ませることができないのか。その原因として、次の4つのポイントが挙げられます。

❶質問をあまりしない

たとえ質問をしたとしても、それは見せかけだけで、すぐに自分の話に結びつけて話の流れを変えたりする。相手のことに、あまり関心がないのです。

❷人の話を途中で遮る

自分の話は延々とするにもかかわらず、人が話しはじめると途中で遮《さえぎ》って自分の話をする。こうした人は、ボールゲームでいうところのパス回しの意識が低いといえます。

話をしているということはボールをもっているのと同じ状態であり、自分がどれだけボール（話す時間）をもっているのかを意識して球を意識的に回さなくてはゲームになりません。チームメイト（話し相手）にボールを回さなくなり、回

ONE POINT　「しゃべる」と「聞く」は四分六分くらいがちょうどいい分量配分。ちょっと謙虚なくらいがいいのです。

したとしてもすぐ奪ってしまうようなら、チームメイトはやる気を失います。

❸自分の話ばかりする

相手の話を最後まで聞かず、はじめの言葉で怒り出して「説教のモード」に入る人もいます。これではコミュニケーションのとりようがありません。

相手の話をきちんと聞く習慣がなく、自分の得意ネタを話し続ける人を、私は「人間ジュークボックス」と呼んでいます。こうした人は、自分のなかにあらかじめセットされている話を反復する傾向があるのです。

そうした人にとって会話の相手とは、「話のジュークボックス」を作動させるための存在にしかすぎません。そのため話が文脈に沿っていない、話が相手の話したいことと絡んでいない、ということが起きます。

❹相手の言葉を無視する

相手が使った言葉を、会話のなかでうまく使いこなすことができていない、ということです。自分の使うボキャブラリーが、相手の話す文脈に上手に組み込まれると、会話が絡み合っていることを感じてコミュニケーションは格段に深まります。

会話の素材は、言葉であり、お互いのボキャブラリーが混ざり合うことで、料理のように味わいが深まります。素材（ボキャブラリー）が混ぜ合わされ、一つの文脈に溶け合うからこそ、会話と呼べるのです。

しかし、相手の使った言葉を自分のなかにうまく取り入れて会話のなかでフィードバックする、これを意識して行なえる人は少ないのです。

▼受動的であることに積極的になる

「聞く」と一口にいっても、積極的に聞く場合と消極的に聞く場合があります。聞いている態度でいても、ただ漫然と聞き流しているだけでは、実際には聞いていないのと同じことです。**聞くという態度と、自分からも起こすアクティブな行為がセットでなければ、本当の意味で聞いていることにはなりません。**

積極的に聞いているかどうかは、聞いた話を要約したり、再生したり、質問できるかどうかで明らかになります。聞くという受動的な態度のなかにも、積極的な受動性が必要になるのです。

きちんと聞いている人は、よくメモを取っています。

このメモには段階があります。はじめは、講義ノートのように、聞いたことを

ONE POINT　「オレが……」「オレの場合は……」を連発されると誰だって、そういう人とはまた話をしたいとは思わないでしょう。

全部要約して書くことが精一杯でしょう。しかし上達してくると、聞いたことと、それに対しての自分の意見や考え、疑問を入れ込んで書くことができます。相手と自分のことを半分ずつの割合でメモが取れるようになるということです。

さらに高度になると、相手の話にインスパイアされて、取ったメモから、新たな発想が生まれてきます。こうした聞き方ができれば、かなりの達人になったといえるでしょう。

しかし、アクティブに聞くという反応であっても、聞いた話を完全に自分の話に誘導する、我田引水《がでんいんすい》的な聞き方をする人もいます。相手の話に触発されるのはいいとしても、相手の話の腰を折って、自分の持論を展開してしまうのです。

これは、ある程度仕事ができる男性によく見られる傾向ですが、創造的な反応とは言いがたいものです。

いままで述べてきた、受動的であることに積極的な構えをする状態、これを私は、**「積極的受動性」**と表現しています。これは私の造語です。この状態をたとえるなら、指圧を受けるときに息を吐いて身体を積極的に開いていき、指圧の働きかけの響きをできるだけ深く味わおうとする構えです。

この積極的受動性に対するのは「消極的受動性」で、一般的な受け身の構えです。この構えの場合は、心地よいものに対しては身体を開き、痛みなどに対しては身体を閉じます。自然な反応ではありますが、そこには、響きを味わい、感覚として増幅する積極性はありません。

積極的受動性は、心地よい痛みを味わう構えです。たとえばストレッチングをするとき、痛いからといって身を硬くするのではなく、そこで息を吐くことで脱力し、身体を開くようにします。

痛みをむしろ心地よく味わう、積極的受動性の構えをある程度持続させていると、あるとき大きく筋が伸びる瞬間が訪れます。**痛みを味わいながら「待つ」という構えは、受動的なようでありながら、実は大きな変化を生むのです。**

▼相手が入れるスペースをつくる

「聞く」といったとき、相手の話にひたすら耳を傾ける聞き方があります。

その代表的な例がカウンセリングです。人に話を聞いてもらうことによって、自分自身のなかに気づきが生まれ、その力によって自らが変わる。この基本原理を徹底させているのが、アクティブ・リスニング、傾聴と呼ばれる手法です。

ONE POINT　「聞く」とは、相手の話の「キーポイントを外さずに要約して、再生できる」ということです。

聞くということは、自分の側のスペースをあけるということで、もし自分がその場を離れることができれば、スペースはまるまるあくので、相手はどんどん入ってこられます。

傾聴で注目できるのは、一度「自分」を離れるということなのです。

心にスペースをあけるとは、どういうことか。臨床心理学者の池見陽《あきら》氏は「南印禅師の講話」を紹介し、この話は傾聴に必要な心の構えを表現している、と指摘します。

ある仏教哲学の教授が南印禅師のところを訪問しました。南印禅師は湯飲みを2つ用意してお茶をいれますが、教授は禅師に何を質問しようか、そのことでアタマがいっぱいになっていました。

すると禅師は、教授の湯飲みにどんどんお茶を注《そそ》ぎ続けて、やがてお茶が溢《あふ》れても、注ぐのをやめません。教授が驚くと、禅師は「この湯飲みはあなたのアタマと同じです」と言いました。つまり、あなたのアタマはすでにいっぱいなので、私が何を言ってももう入りません、と、禅師が諭《さと》したのです。

「転職をしようか」と悩んでいる人の話を聴くときに、こちらのアタマが「転職はしない方がいい」とか「転職した方がいい」という先入観でいっぱいであれば、おそらく話し手の語る重要な要素が「溢れだして」しまうだろう。こちらのアタマがいっぱいで話が聴けないのである。

そういうときは、湯飲みを空にするといいだろう。

また、聴き手の方にいろいろな心配事や先入観があり、アタマが忙し過ぎて聴けないこともある。目の前にいる人に集中できず、アタマの中では、その人の話よりも別の個人的な心配事や気がかりが押し寄せてくる。そういうときも、まず「聴き手」が自分自身の心を曇らせているものから「間をおき」、湯飲みを空にする必要があるだろう。

そして、開かれた「間」の中に話し手の話を注ぎ込むのである。

『心のメッセージを聴く』（講談社現代新書）

話を聞くためには、開かれた「間《ま》」、つまり心のスペースをもつ必要があり、スペースのない人には、言葉が入っていきません。「聞く」には、そのための準備が必要なのです。

ONE POINT　相手が好きなものが、自分はそれほど好きではないとしても、とりあえず「私も」と賛同してみると、会話は盛り上がります。

▼誰に対しても「郷に入っては郷に従う」

「聞く心」をつくるには、まず自分自身の価値観をひとまず置いて、「郷に入《い》っては郷に従え」の心がけをもつことが大切です。

郷とは、いわば相手のいままでの人生の蓄積であり、郷に入るのならそれに従うのが、まずは対話の基本です。

もちろんテレビの討論番組のような場は、いわば一つのショーの要素もあるので、相手の郷に入る必要はありません。私はテレビに出て、出演者たちの様子を見ていたことがありますが、激しく言い争っていた人たちが、休憩時間には和やかに話していたりする。それはまるで、試合後のプロレスラーが、ロッカールームで悪役のレスラーと互いの健闘をたたえ合っているような雰囲気です。そもそも、それぞれの持論を戦わせてみて、視聴者に論点を並べてみせるのが番組のねらいでしょう。

しかしこれは、私たちの日常ではありえない関係です。一般社会に生きている私たちは、やはりスペースをあけて「聞く力」を鍛えていかなければなりません。

たとえば、戦前の生まれで、戦前の日本に対して非常に肯定的な考えをもっている人と話すとき、戦前の日本は間違っていたと批判したら、そこで会話は終わってしまいます。

しかも、そう言ってみたところで、相手の基本的な価値観を変えることはできません。そのような場合は、やはり「郷に入っては郷に従え」です。戦争は大変ストレスのかかることなので、心理的な塊《かたまり》を生んでしまいます。つまり**相手のコンプレックスに出合ったら、そのコンプレックスに従え**ということです。

たとえば、戦争については賛成できない、という前置きをしたうえで、戦前の家庭での厳格なしつけ、現代に比べて礼儀作法がきちんとしている面など、戦前の日本について自分が優れていると思う面があれば、そう伝えればいいのです。

それは「自分はあなたの価値観に対して寄り添っています」というメッセージです。すると相手は、「この人は自分を尊重してくれている」と受け取ります。

教育学者が言うべき言葉ではないかもしれませんが、親子のようによほど親しい関係の場合を除いては、教育のしようがないこともあるのです。基本線の変わらない人に対しては、「あなたの過去のコンプレックスを、私は肯定します」と同調したほうが、むしろ、話をずらしやすくなるのです。

ONE POINT　聞くべきは、話の中身の客観的な重要性ではなく、「当人にとってその問題がどう重要なのか」という当事者性のほうです。

▼人の話を聞くときは「ややゆるめ」でのぞむ

会社で同僚や周りの人から「話しやすい人」だと思われると、おのずと自分の周りにたくさんの情報が集まってきます。「この人に話したい、相談したい」と思われることで、結果としてチャンスも広がってくるのです。

周りから、話しやすい人だと思われるには、いくつか条件があります。その一つが、ある種の若々しさです。

たとえば、ドイツの詩人・作家であったエッカーマンはゲーテと交流し、2人の対話は、エッカーマンの手によって『ゲーテとの対話』という著書にもまとめられています。この関係で一つのポイントになるのは、エッカーマンの素直な未熟さです。**素直な未熟さとはつまり、隙《すき》があるということです。**

未熟で隙がある若者を前にすると、人はつい「話してあげよう」と思うものです。しかし、未熟なだけの人は自分の話ばかりして、人の話を聞く余裕がありません。ですから未熟ではあっても、きちんと聞く素地があることが大切です。

聞き上手な人といえば、人柄がいい人のことだと思いがちです。でもいい人であるだけでは「聞く力」は発揮できません。相手の話をより深く聞くためには、わかっていたとしても自分からわざわざ「ボケる」ことで、相手により話しやすくさせる機転を利かせることが必要なのです。

人から「デキる人」だと思われるのは嬉しいものですが、あまりにシャープな面をアピールしすぎると、話をしづらい雰囲気をつくってしまいます。しかし、親しみやすさを出そうと「おバカ」な面を強調しすぎると、理解力を疑われて、打ち明け話をする気は起きなくなるでしょう。

もし、人のキャラクターの分類で「利口」ゾーンと「おバカ」ゾーンがあるとしたら、**「話しやすいタイプ」を目指す人が入るべきは「利口」ゾーンのなかの、あまりシャープすぎないゆるめのポジション、中間のミディアムゾーンです。**

聞き上手な「利口で、ややゆるめの人」になれれば、能力のある人たちから声がかかるようになり、クリエイティブな場面に関わる機会が多くなるはずです。なぜなら、話しやすい人とは、創造的な人にとっては誘発剤のような存在であり、アイデアを生み出すのに必要不可欠だからです。

ONE POINT

▼真んなかに「白い紙」があるとうちとける

仕事のできる人、できない人の差は「聞く力」にはっきりとあらわれます。

仕事ができる人は話をよく聞き、そこから刺激を受けて返せます。比喩的にいえば、人と自分とのあいだに白い紙を用意して、そこに書き込むような余裕があります。

そうでない人は、紙には字が埋まっていてもう書き込むことができず、それを読み上げるだけのような話しかできないので対話的ではありません。「聞く力」のない人と組むのは避けたいと思うものです。

会話をする2人の真んなかに、たとえでなく本物の白い紙を置くのが、私の「聞く力」の基本形です。メモを取らずに積極的に話を聞く方法として、白い紙を置くのです。私はこれを「マッピングコミュニケーション」という訓練として、授業で行なっています。

まず2人一組になって、真んなかに白い紙を置き、それぞれ90度の角度で座り、**2人で話しながら、相手の言ったことを「それは、こういうことですか?」というふうに確認しながらキーワードを書き連ねる、図にする**といったことをしていきます。

私は中学から大学まで、友人と2人でこのマッピングコミュニケーションを行なっており、その経験から、この作業は誰でもできるものだと思い込んでいました。しかし、実際はなかなか難しいようです。そこで慣れるまではどちらかがノートを取るかたちで、内容を相手に確認しながら、キーワードを書き、関係性を図化していくようにしています。

キーワードを書き記していきながら、相手が探しあぐねている言葉をこちらがうまく言い当てて書いていきます。すると、相手は背中を押されるようにどんどん話ができます。

人間の頭は、言葉を文字にして目で見ることで、はじめてはっきりと意識します。さらにそれが紙の上で図化されると、構造をよりクリアに把握します。

そうした、話したいことが出てくるように相手の背中を押す力は「聞く力」にほかなりません。聞く「構え」をつくり、「聞く力」を鍛える、それが白い紙を使った「マッピングコミュニケーション」によるトレーニングです。

話すことと文字にすることは、精神の作業として性質が違います。話すときには開放感が必要になる一方で、文字にするときは集約感、凝縮感が必要になる。ですから多くの人は、話しながら同時にそれを文字にして説明するのが苦痛なのです。

ONE POINT　話を聞きながらその内容の構造図を書いていくと、堂々巡りすることなく、話し合われたことの詳細まで一目瞭然になります。

そんなとき、誰かがうまくメモを取って自分の思考に寄り添って確認してくれるのであれば、スムーズに思考を進めることができるのです。

▼気まずくなるのは、質問力が欠如しているせい

ふだん、私たちは問いより答えのほうに注目しがちです。しかし面白い答え、正しい答えができるかどうかは、専門的な知識や経験、言語能力といった、その人の総合的な実力にかかってきます。

でも、仮に自分がその分野に明るくなかったとしても、**質問の仕方によって、優れた人から面白い話を引き出すことはできます。**

質問の内容で、その人がどれだけ聞くことができていたのかがよくわかります。私は「質問力」という言葉をつくりましたが、「質問力」のある人は、その質問によって、「よく聞いてくれた、そこだけ説明し忘れていた」、あるいは「そこは次に話そうと思っていたところだ」と、話し手に気づかせてくれます。また自分の身に引きつけて聞いている、とても重要な質問という場合もあります。

実は、話をしたあとで質問を3つ書いてもらうだけで、その人がどれだけ話を聞いて

おり、これからどのくらい伸びるかということが、わかってしまうものなのです。**社会では、その人の質問によって実力がはかられています。**「いまごろこんなことを質問するようでは見込みがない」、「こういうことを聞いてくる人は将来性がある」、「これは、自分なりのものの見方をしようとしている問いだ」といったことが、質問の内容でシビアに判断されています。

もし、ありきたりな質問しかできず、見込みがないと判断されてしまうと、たとえ実力があっても、それを発揮する機会が遠のいてしまいます。

マツコ・デラックスさんのテレビ番組『マツコの知らない世界』では、マツコさんの質問力の高さを感じます。

毎回あるテーマを設け、その領域に詳しい人たちが出演して自分の専門分野を語るので、一般の人とは違うのかもしれませんが、出演者はテレビ慣れはしていないはずです。それにもかかわらず、カメラの前で自然に、あんなにも意味のあることを語ることができる。毎回そうだということは、あの場をつくっているのはマツコさんだということになります。

上手に質問をするから、テレビ慣れしていない人もリラックスしてしゃべるこ

ONE POINT　自分の一方的な興味だけで聞く質問は、相手にとって「苦痛」以外のなにものでもありません。

とができるのでしょう。ですから、マッコさんと組んだ人は得をするということになるのかもしれません。その人がとても面白く見える。

マツコさんは、視聴者が「それが聞きたかった」と共感する質問の一方で、ちょっとエッジが立った視点でも質問します。また、肯定するだけでなく、率直な感想もぶつけ、会話のなかで理解したことをまた質問で表現する。ひょっとしたら、質問こそがコミュニケーションにおける表現なのかもしれません。

▼質問は「具体的」で「本質的」であることが必要

私は、日本人の「質問力」に関する認識は、欧米に比べて格段に低いととらえています。たとえば欧米の学会に出ると、質問者からは、相手の言っていることを深く理解し、自分の問題として受け止めていることを示す機会だと考えて質問している姿勢を感じます。**一方で日本人の場合、そもそも質問が少ないうえに、質問するとしても何となく聞いてしまうことが多い**のではないでしょうか。

私の講演会を例にとれば、「個人的にはどうしても聞きたいが、おそらく他人は興味がないだろう」という質問が多く、しかもたいていの質問者は、前提となる自分の経験と知識を延々と話すことになります。

私は、こうした質問を一番低いグレードに置いています。２人きりならいいとして、その質問によってほかの多くの人が時間を奪われてしまうからです。

このように、場の状況や、それまでの文脈をどれだけ理解していたかが「質問力」で試されています。状況や文脈を把握する力がわかる、怖い指標なのです。

一方、質の高いインタビュー質問には惹《ひ》きつけられるものです。聞き手は事前に勉強しているのはもちろんですが、ライブでの会話の流れもきちんとふまえながら、非常に限られた時間のなかで、その場にふさわしい質問を相手にぶつけていきます。

それは、みんなが聞きたいことをふまえた核心を突いた質問であり、しかも具体的であるということです。「具体的かつ本質的」というのが、いい質問の基本的な条件です。答えが具体的なものになるほうが、情報量も増えます。

たとえば、元ＮＨＫディレクターの吉成真由美さんがインタビ

ONE POINT

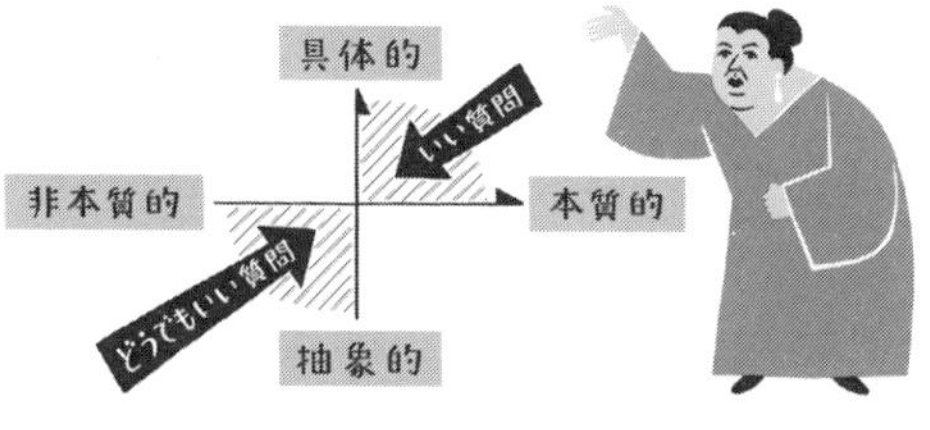

ューを手掛けた『人類の未来』（NHK出版新書）では、人工知能研究の権威であるレイ・カーツワイルたちに、若い人が読むべき本を3冊挙げてもらっています。

「では最後に、若者が学生時代にしたほうがいいことを教えてください」といった質問ではなく、若者が読むべき3冊の本として落とし込んで質問する。読者はその3冊の選び方から、知の巨人の本質も垣間《かいま》見ることができます。

▼思わず答えたくなる質問が見つかるゲーム

具体的なことを聞こうとすると本質的ではなくなり、本質的なことを聞こうとすると抽象的になってしまいがちです。

自分の質問は、的外れではなく、しかも具体的であるかという点を常にチェックしていると、質問力は確実に上がるでしょう。

そうした質問の質は、「質問力ゲーム」でチェックできます。4人一組になって、1人がまずプレゼンテーションを行ない、残る3人が質問をして、**プレゼンテーターにとって「答えたい質問」を出した人が勝者**、というシンプルなものです。

思わず答えたくなる質問は、基本的にいい質問です。ゲームを何度も繰り返すと、質問に対する意識が定着し、次に何を質問しようか、ということを考えながら聞くようになります。

答えたくなる質問をするには、コツがあります。**相手がエネルギーをかけているポイントをめぐっての質問はハズレになりにくいのです。**

自分の本領といえる部分についてならば、熱く語る気にもなります。「相手が熱く語りたくなること」を第一に考えて質問をするようにする、という手もあるのです。

▼ソクラテスの話し方をコピーする

「うまく問いを立てること」。クリエイティブな対話をするために必要な技は、ほぼそれに尽きると思います。つまり、**いままで見えていなかった問題が顕在《けんざい》化するような質問ができるかどうか**、ということです。

たとえば、哲学者ソクラテスがひとりの青年と行なった対話を、弟子のプラトンがまとめた『メノン』という著作があります。メノンは青年の名前です。冒頭で青年は、「人間の徳性というものは、はたしてひとに教えることのできるものであるか。それとも、それは教えられることはできずに、訓練によって身につけられるものであるか」とソクラテスに質問します。

ONE POINT　各種の「対談集」は質問力を鍛える材料になります。読者に配慮しつつ対話をどう運ぶのかを意識して読んでみましょう。

するとソクラテスは、「君が言う徳とはそもそも何であるか」と問い返すのです。メノンはそれに対して、正義、節制、といったことを挙げていくのですが、再びソクラテスから「ではそれらに共通するもの、本質的特性はあるのか」と問い返されます。これがソクラテス流のやり方です。

やりとりを重ねるうちに、メノンは徳とは何かということがわからなくなってきます。たしかに自分は徳を身につけたいと思っていたが、そもそも徳とは何なのか。わかっていたはずが、何となく前提にしていただけだということに気づいたのです。これは、メノンが自ら得た、大切な気づきです。

このように、**対話が深まったときには新しいことへの気づきだけではなく、思い込みや先入観を揺るがすような気づきがある**のです。

この会話のように「前提を疑う」ということ、これはデカルトの『方法序説』でも基本とされています。前提を洗い直すことで、対話を深めていくわけです。

対話を通じて本当にそうなのか、ほかに違う見方があるのではないかと探りながら、自分がこれまでもっていた概念や言葉が本当に正確であったのか考え、やがて気づいていく。つまり、対話における本来の気づきというのは、相手から正しい答えを与えてもらうというよりは、相手から返された言葉を受け止め、考えることで、自ら何かに気づくということなのです。

そのための練習としては、まず「問い続ける」ことからはじめます。対話のなかで、**それはなぜそう言えるのかを相手に訊《たず》ねる、さらにその答えに対して、子どもが「なぜ?」を繰り返すときのように、「なぜなのか」とさかのぼって質問していきます。**自分で自分の考えをチェックすることが、やがて気づきにつながっていきます。

▼弁証法を押さえておくと対話が生産的になりやすい

先に見た、対話によって議論を深めていく元祖ともいうべきソクラテスの手法、それが弁証法です。弁証法という言葉は少し難しい印象があるので、「対話法」と訳したほうが、より親しみやすいものになっていたかもしれません。

ヘーゲルによって定式化された弁証法をかいつまんで説明すると、弁証法は、**ある考え（テーゼ：命題）に対してその反論（アンチテーゼ：反命題）を言い、対話をしながら、それらを統合する新しい考え（ジンテーゼ：統合案）に深めます。**

弁証法による対話は、考えの矛盾を、思考を前進するエネルギーに変化させて

ONE POINT　問いかけを次々に重ねていけば、「誰かと話していてもすぐ会話が途切れてしまう」といったことがなくなります。

いくものです。この過程は、「正・反・合（定立・反定立・総合）」と日本語でもあらわされます。

私は、弁証法を使った議論を、中学校のときから友人と行なっていました。毎日3時間ずつ、中学、高校、大学、大学院と続けました。

その友人とは毎日のように話しているため相手の考えていることがわかってしまい、すぐ一緒の意見になってしまいます。そこであえて反対の立場をとって、猛烈に反論していくという方法をとりました。

つまり、思考のゲームとして行なっていたわけですが、その事情を知らない人からは、「もうそろそろ喧嘩《けんか》はやめたほうがいい」と、仲裁されることもあったほどです。あえて反対の立場で意見を言う、そうでないと付和雷同《ふわらいどう》することになり、検証ができなくなってしまいます。

初級者が弁証法を学ぶテキストとして、ヘーゲルの著作が適切かといえば、非常に読みづらいところがあります。シンプルに学ぶのにいいものは、前でも紹介した、師であるソクラテスの対話を叙述したプラトンの著作ということになるでしょう。

たとえば『テアイテトス（対話篇）』は、ソクラテスが、少年テアイテトスと、「知識

（エピステーメー）」についての問答を行ないます。ここで、**ソクラテスの立場は、あくまでも手助けをする「産婆《さんば》」のような存在です。**

ソクラテスが質問をしていくことでテアイテトスは自らの考えを掘り下げ、そのなかではっと気がつくことが出てきます。「考え違いをしていた」、「自分の思い込みであった」、「わかっているつもりだったのがわかっていなかった」ことに気づき、テアイテトスの意見はどんどん変わっていきます。ソクラテスからすると、さながら、「その驚きの感情こそが哲学のはじまりだよ、君」ということなのでしょう。

決めつけてどちらかに固定化してしまうということではなくて、対話のなかで意見が変わっていく、それが弁証法です。

プラトンは、哲学という学問の黎明期《れいめい》に、対話のかたちで本を書いた、これが素晴らしいところです。

ONE POINT　相手に問いかけるときは、訊問《じんもん》のように追い込むような聞き方にならないように。話が盛り上がる問いかけを心がけましょう。

第6章 主張力アップの秘訣

▼正義に酔うのは「魔女狩り」に似ている

心理学者であり行動経済学者のダニエル・カーネマンは『ファスト&スロー』(早川書房)で、私たちがいかに些細《ささい》なことによって誤った判断をしてしまうかを、徹底的に解明しています。

前提となるのは、タイトルにもなっている2つの思考モードです。これらは、直感や感情のように自動的に発動する早い思考モードと、意識的に努力して発動させる遅い思考モードの2つで、どちらも間違うことがあるといいます。

対面だと、「この人は嘘をついている」、「こうは言っても、実は冗談だ」というふうに、読み取れる情報がとても多いといえます。その人の口調や表情などが身体とセットになっているためです。他方で、オンラインの場合はおもに文字だけのやりとりですから誤解が生まれやすい。厄介《やっかい》なことに、それは記録としても残ってしまいます。

インターネット上では、一度発信すれば、たとえそれが事実と異なることであっても伝わってしまいます。たとえば、ある人のことをツイッターで「許せない」とつぶやくと、「そうだ、自分も、前からあの人間を許せないと思っていた」というように、どんどん連鎖していく。この展開は、中世の「魔女狩り」に似ているのです。

19世紀フランスの歴史家ジュール・ミシュレの『魔女』（岩波文庫）によれば、魔女狩りの怖さとは、たとえどんな反応をしても魔女ということにされてしまう点です。「魔女だ」と決めつけられたら、そこからはもう逃れようがない。そういったことを、正義だと思って行なっていた時代があるのです。

このように、**何かを異端だからと暴力的に排除する、そうした思考は「自分が正義だ」と思い込む人がもちやすい**のです。戦争では、それぞれの国が、自分たちこそ正義であると思っているわけです。

現代の私たちも、「自分が正義だ」という思考が生まれたら、危険だと思わなければなりません。

まず、ある人の発言の元の文脈から一部の言葉だけを恣意《しい》的に切り取る、とい

ONE POINT　他人を尊重しない態度は、現在の自分に安住する癖を助長します。自分の感覚を向上させることがなくなってしまうのです。

うこと自体が一種の暴力です。そして、切り取った言葉を人目にさらして糾弾《きゅうだん》し、同調するのも同じです。それは、中世の「魔女」を狩る行為と変わりません。

もし、巨悪を暴きたいのなら、その仕事は基本的にはジャーナリストが行ないます。ジャーナリストが自分で調べて、自分の言論として発表するのであればいいでしょう。

また、勇気を出して内部告発するということは意味があることですし、告発者は守られるべきだと思います。しかし、そうしたことと、伝聞を根拠にして「許せない」とインターネットで発信することとは、根本的に違うものなのです。

▼知性ある批評が減っている

インターネットなどで匿名《とくめい》性のもとに人をバッシングするやり口は、批評精神とは本質的に異なります。本来の批評や批判というのは、発言者を明確にした真っ向勝負です。**批評は個人の人間性を攻撃するものでなく、互いの考え方の相違をえぐり出す交流方法です。**そこでは、相手を貶《おとし》めることが目的ではありません。むしろ、相手の人間性に対しての理解と信頼があるからこそ、率直にぶつかり合うことができます。

たとえば、サルトルとカミュは、ある時期から主張が対立し、やがて離反していきます。その内容は『革命か反抗か』（新潮文庫）という本にもなっていますが、この論争は関係性の誠実さの上に成り立っています。

このように、鋭くえぐり合う関係というのは、自分の思考や芸術性を掘り下げ、よりクリアに言語化していく作業の一環です。そこではそれぞれが目指す理想のあり方という情報が交換され、鋭く論じ合うことで触発されて、互いに成長していきます。

偉大なライバルと真剣に戦うことで自分自身の成長も促《うなが》され、その結果として高みに近づける。そうした考え方の背景には、「幸せな言葉観」というべきものがありました。

それぞれが文脈、文意を正確に読み解く能力があり、言葉を使いこなせるという、言葉に対しての信頼がその前提にあった、だからこそ深いところで激しく対立することもできた、ということです。

本質を鋭くえぐっても、それを言語化する力がなければ、またそれを理解し、自分の言葉で返すことができなければ、そもそも深い議論はできません。

しかしいま、語彙が減り、表現がパターン化し、言葉への理解力や咀嚼《そしゃく》力が落ちています。言葉で自分の考えを正確に表現できず、相手の言葉も理解できな

ONE POINT　ネガティブ発言ばかり続けることは、周りの人たちの士気を下げるというマイナス効果しかもたらしません。

いため、議論は揚げ足取りや言葉尻に絡むといった、不毛で冷え冷えとしたものになっていく。言葉への信頼というものが急速に揺らいでいるのではないかと感じます。

▼ユーモア満載で戦争を批判した坂口安吾

ユーモアとは非常に大事なものです。たとえば、私たちにとって最も厳しい社会状況といえば、戦時中でしょう。第二次世界大戦中の日本は、「戦争に勝つ」と鼓舞《こぶ》されながらも、空襲を受けて爆弾を落とされ、「一体どうなってしまうのだろう」というのが、人々の偽らざる感情だったと思います。

本音はとうてい言えない厳しい状況下で、坂口安吾《さかぐちあんご》は「わが戦争に対処せる工夫の数々」というエッセイを発表します。

私は新潟の海で猛訓練をするつもりであつた。（中略）
朝、昼、夕、三度づゝ海へ行く。雨が降つても、低気圧襲来大暴風雨狂瀾怒濤といふ時でも、風をひいて熱があつても出掛けて行くので、人ッ子一人ゐない狂瀾怒濤にくる〳〵まかれたり、ぐい〳〵引きこまれたり、叩きつけられたり押し倒されたり、あまり気持のいゝものではないが、他日輸送船がひつくり返つてみんな死んでも自分だけ助からうといふ魂胆だから、かうして人ッ子一人ゐない暴風雨下、暗澹《あんたん》たる空の下に、波にくる〳〵まきつけられて叩きつけられてゐると、いつたい外の日本人は自殺するつもりなのかな、と自分だけひどく頼もしくなつてくるほどだ。い丶年をして、と笑ふなかれ。四十五十面《づら》さげて二等卒で召集される、それが戦争の現実ではないか。

「わが戦争に対処せる工夫の数々」(『坂口安吾全集 05』筑摩書房)

安吾は郷里の新潟に疎開し、奇妙な猛訓練を、一人でやり続けます。**この文章は全部、冗談のようなものです。**こんなことをしても、連合国側に対抗できるとはもちろん思っていない。しかし、馬鹿げた戦争というものに対して、こうした馬鹿げた訓練を勝手にする。そういう行動をもって行なう、強烈な戦争批判なのです。

負けいくさの戦争は全く小気味がい丶ほど現実に幻想的だ。工夫に富めるラマンチャの紳士ドン・キホーテと云ふけれども、私の方では一向に笑ひ話ではないので、戦争中の私を通観すれば、あんまり工夫に富んではゐなかつ

ONE POINT　坂口安吾は言いたいことをパンパカ口にしてしまう。人生そんなに怖がらなくてもいいんだ、と教えてくれる稀有な作家です。

> たが、然し、ともかく、サンチョ・パンザよりはいくらかましな工夫をめぐらして、それが一向にをかしくもなんともない。一方、頭の上にB29といふ厭《いや》にスマートな文明の利器がすい〳〵空をとんでゐるだけセルヴンテス以上に奇怪な幻想的風景なのだが、それが微塵《みじん》もフィクションではない、ギリ〴〵の生活だから笑はせる。

戦争というのは理不尽の極みで、戦争というものに対して、庶民はなすすべがありません。これを読んだ高齢の人が「こんな奴がいたから、戦争に負けたんだ」と言っていたのを聞いて、「なるほど」と思いました。つまり、この戦争に対して、こうしたユーモアは通用しなかったのでしょう。

しかしこれは一つの抵抗であり、手段だったのです。追い詰められたときに笑ってしまうようなことをやってのける、そのこと自体も面白い。安吾の文体というのは、読んでいると笑ってしまうような文章です。

ユーモアとは非常に知的なものであって、どんなに厳しい状況であっても、心に余裕がないと発揮できないものなのです。

▼言葉によって相手を傷つけることのないよう細心の注意を

言葉尻をとらえて批判するということは「読解力がない」か「悪意がある」かで、いずれにしても、残念な人であるということです。誰がどんなことを不快に思うかについて配慮するのは当たり前ですが、ちょっとした言葉に反応して、さほど問題のない言葉を狩《か》る「言葉狩り」となると、表現することが難しくなってしまいます。

そのあたりでは総合的な判断力をもって「この言葉については、このような言い回しだから大丈夫でしょう」というように、大人がきちんとした共通理解とともに判断していくことが重要です。

振り返れば、昭和30年代、40年代は、まだ言葉が乱暴なことが許される時代でした。しかし社会は洗練されていき、いまの時代では罵詈《ばり》雑言《ぞうごん》を浴びせ掛けるような人はパワーハラスメント、下ネタを連発する人はセクシャルハラスメントと判断されます。もはや昭和ではなく、平成でもありません。

令和の時代は、言葉を選ぶということと同時に、とくに相手との関係性を確かめることが重要です。関係性がきちんとできていない人に対して不注意

ONE POINT　怒りに震えているとき、一つがダメだと思うと全部ダメに見えてきてしまうことがあります。いったん気分を切りかえる作業が必要です。

な発言をすると、パワハラやセクハラと受け取られるおそれもあります。

いまの時代、職場の不満までSNSで発信する人がいます。当然、誰かが気づいて問題視して、騒ぎになり、場合によっては当事者が処罰されることもあります。

本来、こういう愚痴をいう場所は、個人が身のまわりの生活のなかでもっているべきものです。かつては家庭がその代表で、夫婦間で話したことは外には漏れないことが前提でした。いわば家庭は「愚痴の聖域」のような面があったのです。

学校での授業にもそういう面がありました。「ここだけの話」を先生と生徒で共有できたのです。ところが、これもいまではSNSで外部に発信される危惧《きぐ》があります。

SNSで、本来は内輪にとどめておくべき話を「発信」してしまう人は、愚痴の聖域をもっていないからこそ、フラストレーションが溜まってしまい、ふきこぼれてしまうのかもしれません。しかし、**一部の不用意な行動が聖域を壊すことになり、その結果、本人を含めて誰も得をしません。**

先日、友人同士で集まって、気がねなく会話をしました。もちろん、そこでの話を誰も「発信」しないのは大前提です。要は職場でも私生活でも、現実世界で気のおけない友人が一人、二人いれば十分なのです。どこかで「愚痴の聖域」をもつことをおすすめします。

▼「100パーこれだ」は危険がたくさん

ネットなどを見ていて感じるのは、人はえてして決めつけ言葉が好きだということです。「絶対これだ」、「100パーこれだ」と狭いところで限定してしまうことが多い。

こういった決めつけ思考は、「もうこれしか考えられない、ほかの方法はない」という思い詰めたところに突き進んでいき、たいていの場合、悲しい結末に行きつきます。

私がよく学生に言っているのは、「『これしかない』なんてことは、この世の中には何もない」ということです。成長の段階では、ときに「○○主義者」になってもいい。しかし、そのほかにも「主義」や考え方はたくさんあることを理解する必要があります。

特定の「○○支持」、「○○主義」に思考が固まり、ほかの考えを受け入れなくなってしまうのは危険なことです。それは、たとえるなら単一栽培によって、土壌が痩せ細ってしまうようなものです。

ONE POINT　「これしかない！」という考えに凝り固まると、偏見や独断の入り込む隙が生じて、ミスが起こったり、対立が深まりやすいのです。

心の状態を乏しくしてはならない。私たちの世界は、さまざまな木々が豊かにつながり合う、森のような状態であるべきだと気づかなければいけません。

自分と異質な考えの人に出会ったら、それをいったん受け止めてみて、その人との間に橋を架けて歩み寄ることができるかどうか。ここで知性が問われるのだと思います。

「これしかない」といった断言的なものの言い方をする人は、周りのことが見えにくくなりやすい。**その一つの典型が、「意識の固着」で、何をしていても意識の回路が同じ場所に戻ってしまいます。**

たとえば会議で自分の案が却下され、メンバーの関心は次の策へと移っているのに、話を引き戻そうとする。検討した結果、再びその案が浮上するということはありますが、そうではなくて、「これしかない」という一つの考え方に固執《こしつ》して、離れられないといったケースです。

過去のある一点に対して意識を固着しつづけてしまう人もいます。「あいつに言われた一言がどうしても許せない」といった、何年も前の執念的意識を積み重ね、それが心のなかで固まってしまって溶かしようがない。ついには他者や社会への憎悪のようなかたちで噴出し、凶行に及んでしまうことすらあります。

こうしたケースでは、本人の自意識のなかでは、本来は外に向かうべき意識のエネルギーが出口を失ってぐるぐる回ってしまっており、考えが堂々巡りしている。

このように物事を一面的にとらえ、意識が固着してしまう傾向があるかどうか、これが、自意識の落とし穴にはまっていないかどうかを自分で判断する目安になるのです。

▼「決めつけ」はNG。まずは複眼でものを見る

一つの見方に囚《とら》われず、ある問いに対して2つ、3つといった複数の角度からの視点をもつと、全体像を客観的に把握する精度が増してきます。そして自分自身の価値観・世界観も深まってきます。

私たちが学生時代に受けた小論文テストには、そうした客観的視点があるか否かを見るねらいもありました。課題文を読み解き、書く過程で、ものの見方が複眼的であるかどうかが試されていたのです。ですから課題文を流し読みして、「著者の意見には反対である」と、単眼的に力んで書いたものへの評価は低いのです。

文章をよく読み解き、ある部分を拡大して考え、また別の部分を拡大して考え、

ONE POINT　意識が一つのところに固着して他の可能性を排除してしまうのは、行き詰まること。すなわち、息詰まることなのです。

それに反対の議論をしようとすれば、あるいは賛成の議論をすれば、というふうに論を進め、そのなかで自分はどの道をとるか。こうしたことが冷静に把握できているかどうかで、点数に差が出るのです。

これが、もし、「自分の好き嫌いで判断すればいい」だったとすると、自分が的確に把握、理解できていないにもかかわらず、一つの結論に決めつけて満足してしまうということが起きます。それでは、本当の意味での理解に到達することはできません。

いま、社会全体が非常に手を焼いているのは、好き嫌い（主観）優先でかまわない、という考え方が蔓延《まんえん》していることです。そうした態度というのは、実は勉強から逃避してしまった場合に起こりやすいことなのです。

勉強では客観性、多角的視点を非常に重んじるため、自分のもつものの見方が否定されることも多くあります。むしろ、それを常に突きつけられることこそが大切なのですが、**そうした自己否定を回避したいとなると、自分を試される場に身を置かなくなり、やがて「勝手に決めるクセ」をもった人に仕上がってしまう。**

自分の主観的な価値判断にのみ囚われる「決めつけグセ」を繰り返し直していく、それが勉強の本来の意味でもあるのです。

複眼的な思考、つまり主観と客観を組み合わせることができる思考力を身につけると、問題を柔軟にとらえて解決をはかることができるようになります。

世の中では、はっきりと決着をつけて合意することが難しい「グレーゾーン」でどれだけの共通理解をもてるかということが、一番難しく、かつ価値が高いのです。

それぞれの主観性の間で、おおよそこのあたりで共通理解を得られるだろう、という線を絞り込む、そのような、主観性をつなぐ橋渡しをする能力（間《かん》主観性）が必要とされています。

▼浅い「二項対立」にハマってはいけない

弁証法では、2つの異なるもの、つまり、右と左、男性と女性のような二項対立をうまく利用して、そこから新たな考えを生み出します。いままで、その大切さと効果について見てきました。

しかし、この二項対立によって複雑な世界をとらえようとするときには、物事を単純化しすぎる危険が常に存在します。

二項に分けて考えることはわかりやすい。しかし、二項対立というのはあくま

ONE POINT　Aの視点、Bの視点、Cの視点と、目の前の問題にさまざまな方向からアプローチできると、思考の持久力がついていきます。

で、考えるうえで「あえて2つに分類している」にすぎない。さらに、この世界はいくつもの二項対立が絡み合って構成されています。

たとえば、「保守とは何か」というときに、吉田松陰《しょういん》は保守に含まれるのか、革新に含まれるのか。松陰の主張の内容は王政復古で、昔に戻ろうという主張は保守に見える。しかし、現状を一気に打破したいという点では革新であるともいえます。

孔子の場合も、昔の聖人の世を復活させようとしている点では保守本流でありながら、現状に満足せず改革を求めていたという意味では革新といえるかもしれません。

また、「自と他」という二項対立を絶対のものとして、ここに「善と悪」という単純な二項対立を重ね合わせれば、自分のほうが善であり、相手は悪であるという発想につながりかねません。

自国を安定させるために、仮想敵国との強固な二項対立を打ち立てる。戦争の歴史を見ると、単純な善悪二元論のもつ危険性がわかります。

私たちは、混乱や混沌という状態が苦手なため、わからないものはひと括《くく》りにして、納得したいと思うクセがあります。あえて分類することで世界がくっきり見えてくるようにはなりますが、それを世界そのものだと思うのは危険なことです。

大切なのは、異質なものとの出会いから受ける刺激を、ポジティブなものとしてとらえていくことです。

常に刺激を受け入れて、ほんの少しでもいいから自分も何か変化していて、刺激に対してオープンであること、それがとても大切です。

▼ディベートができても、大きな差はつかない

学校教育のなかで、立場を2つに分けて、お互いに主張し合うディベート形式の討論が近年流行しています。

論理力を養う、という趣旨は理解できないわけではありませんが、**論理性のみを最上の価値とするディベートでは、コミュニケーション力養成のトレーニングとしては限界があります。**

というのも、論理には抜け道が多くあり、論理力の低い者同士では、単なる水掛け論になりやすい。さらに、論理的な能力を駆使して、論点をごまかし、相手を言い負かすことは、さほど難しいことではありません。

実際にディベートでは、相手の弱点をつき、追い込む。論理性は大切にするも

ONE POINT　AとBのどちらとも言えないものがいくつもあって世界は出来ている、ということも忘れてはいけません。

のの、基本的に相手の気持ちをくみ取ることはせず、相手の言葉尻や言い間違いをとらえた揚げ足取りもよく見られます。

裁判のように勝ち負けを争う重要な場合には、こうした能力が重要視されますし、国会でも、相手の質問の意図をわざと取り違え、曖昧《あいまい》にぼかして答弁するケースが多く見られます。しかし、私が思うには、多くの社会人にとってこうしたスキルは不要です。

社会人に本当に求められているのは、要約力ともいえる、相手の言いたいことを的確につかむ能力です。さらに、できれば想像力や推測力により、相手が言葉ですべて表現し切れていないことも推察したうえで、こちらから提案する力です。

お互いに相手の言いたいことをしっかり把握して、よりよいアイデアを練り出していく、それがクリエイティブな対話というものです。

相手を言い負かすだけの議論は生産的ではありません。相手の言いたいことをとらえる努力をせずに、あら探しをする。そんな悪癖だけを身につけることになる危険性を、質の低いディベートの授業に感じることが私は多いのです。

ディベート能力とは、賛成と反対、それぞれの立場を変えてみても議論できる能力でもあります。これはうまく使えば、双方の立場を理解する能力につながります。質の高いディベートの授業では、ディベートを第三者として見たときの批評眼を鍛えます。これは客観的視点の養成です。

論理力は必要なものではありますが、**自分の価値判断とは別に論理構成をして主張する習慣を身につけることは、決して好ましいことではない**と私は思います。

何を大事だと思うか、何を正しいと思うか、という価値判断がまず先にあって論理が構成される、それが本来の思考のはずです。

ONE POINT　相手の感情を考えずに形式的な論理で論破しても、一文の価値もありません。むしろ、人間関係を壊しかねないという代償がつきまといます。

第III部 生きる構えの最重要ポイント

近年、代替のシステム化が進み、私たちはあらゆる場面で「代わりはいくらでもいる」、「あなたでなくてもいい」というメッセージを受け取っている。そんな環境の下では、人に承認してほしい、また、自分が承認してもらいたいから他人を承認する、という行動に走りたくなる。しかし、不確かな関係はむしろ不安を助長し、人は一度不安にかられると、さらに承認欲求の深みにはまっていく。

不安を解消するための手がかりは、うつろいやすい人の心による承認でなく、「私は〇〇だ」という揺るぎないものに自分の存在証明を求めることだ。その場合、強すぎるアイデンティティを一つだけもつ状態は、意外に脆《もろ》い。複数の細い束であるプチ・アイデンティティを数多くもち、細かく根を張って複線化していくことが大切になる。

アイデンティティの獲得は、難しいことではない。たとえば、たくさんの本を読むことで、複数の著者の人格に触れ、著者に「私淑《ししゅく》」するのもよい。対話とは、その一人ひとりのなかに住んでいる多くの他者が、知性の総当たり戦を行なっていると見ることもできる。そのような観点で対話を見たときに、多くの読書を行なって幅広い知性を味方につけている人の対話のスタイルは、実に柔軟でクリエイティブである。

先人たちの発見したことに対して耳を傾け、しっかりと聴く。それが、学ぶということの基本だ。私たちは学習によって、知識が増えること以上に、ある種の自制心という、メンタルコントロール（心の制御）の技術を獲得する。これによって、自己中心的な態度を手放し、他者に対して意識を向けることもしやすくなる。

もう一つ、日本人が自信を失い、生きる気構えを見失っている原因は、心に核となる「芯《しん》」がないからだ。かつての日本人には、自分の身体の内側に中心を感じ取ることができる「中心感覚」があり、それが心理的な安定感につながっていた。中心感覚と、他者との実際の距離、精神的な距離を適度に保つ「距離感覚」が表裏一体となって働くところに、目指すべき身体性がある。

日本の文化はまた、人間の中心を腰と肚《はら》において決断し実行していく「腰肚《こしはら》文化」によって支えられていた。しかし近年、腰肚文化は受け継がれなくなり、肚や臍下丹田《せいかたんでん》といった、そのなごりを残す「からだ言葉」も衰退している。

中心感覚によってもたらされていた心理的な安定感を失った私たちは、この身体感覚と文化の両方を、取り戻さなければならない。

第7章 自己肯定力アップの早道

▼なぜ、日本人はセルフエスティームが低いのか?

海外と比較すると、日本人はセルフエスティーム(自尊感情)が非常に低いといわれています。その理由としては、持ち前の真面目さが高じて、それほど悪い状態でもないのに自己評価が低く、自己否定につながってしまっていることなどが挙げられます。

自分を尊重する感情は、幼いころに他者から肯定的な評価をされることで培《つちか》われるため、近年、日本では、「褒《ほ》めて育てよう」という教育が行なわれてきていますが、まずは自尊感情を定着させようという現代の日本の教育システムは、あまりうまくいっていません。

その理由としては、教育の現場で個人内評価や到達度評価が増え、客観的評価が少なくなったことが挙げられます。

自分の成績が他人と比較されるのは厳しい反面、そこで獲得したことはきちんと意味をもちます。しかし、**客観評価にさらされずにふんわりやんわりと育ってしまうと、**

自己肯定感に根ざした本当の自信というものがもちづらくなります。

そのために、試練に出会ったときに、自意識は過剰にあるが自己否定モードから抜け出せない、というジレンマが起きてしまうのです。

自己肯定力が低いと本人がつらいだけではなく、周りの人も接しにくいということがあります。

たとえば、仕事のチーム内に自己肯定感の低い人がいてネガティブな発言を繰り返していると、周りの人はその人に対してフォローしたり励ましたりして気を遣わなければなりません。周囲に、エネルギーを余分に使わせることになるのです。

私は大学などで教えているという仕事柄、若い世代の恋愛事情に明るいのですが、付き合いはじめたカップルで女性が男性を嫌になってしまうパターンの一つとして「彼のメンタルが弱くて自己肯定感が低いので、励まし続けなければならない。でもいい加

ONE POINT

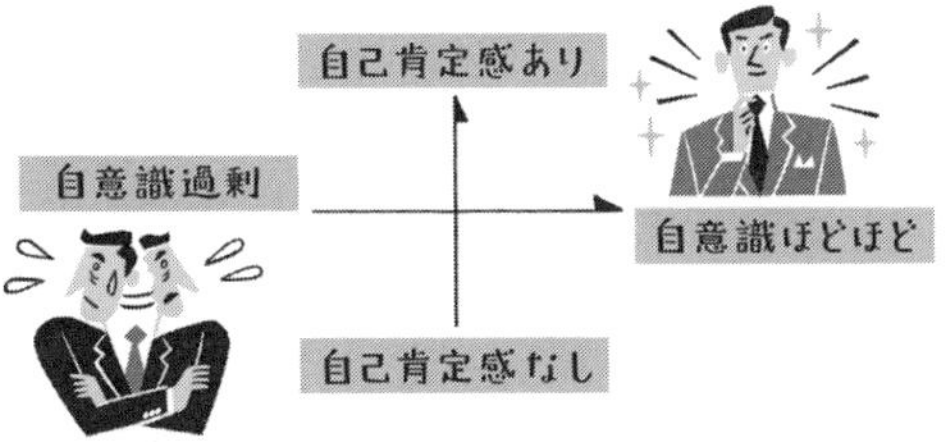

減、面倒になってしまった」というケースがあります。このように、**自己肯定感の低さの前では、好きだという気持ちすら冷めてしまう**こともあるのです。

▼自分に自信がもてるようになる「お祓い」

では、バランスのいい自己肯定力とはどんなものか、見ていきます。

まず、素直に「そんな自分が好き！」といった自己肯定感があふれてくるときの感覚を、自分のなかで再現してみましょう。それといまの自分の状態を比較してみて、どうでしょうか。たとえば、本来の自分はもっと自己肯定力が強いはずなのに、最近はどうも自己肯定感が足りていないようだ、といったことが、わかってくるかもしれません。

自分より優れた人が活躍するのを見るときは、嫉妬《しっと》心も含めて「自分はダメだな……」とどこかで思ってしまう。そんなふうに、人には「自分を否定する瞬間」があります。その思いが溜まっていくことで、自己肯定感はどんどん低くなってしまう。そうした思いが積み重なる前に、振り払ってしまいましょう。

座っていても行なえる、自己否定を振り払う「技」があります。

まず、両腕を前に伸ばして両手の手のひらを上に向けます。その腕の状態を保ったまま、左右それぞれの手のひらをひっくり返すようにして下に向けます。

さらに手のひらが外向きになるように90度回転させ、空気をかき分けて払いのけるかのように、右手は右側の方向に、左手は左側の方向に大きく開きます。その瞬間、**「そんなことない！」と叫びます。**

この動き自体に何か意味があるわけではなく、これは心の掃除のようなもの、一種のお祓《はら》いのようなものです。理屈は何でもいいのですが、とりあえず負の感情はさっと払いのけましょう。自分を向上させていくという思いは忘れずに、しかし自分を否定する必要はないということです。

「そんなことない！」という言葉とセットにして、これらの動作を学生に練習してもらいました。彼らの感想は「1日に何度もこれをやりました。やったらスッキリしました」というもので、1日のうちに、そんなに自己否定をする瞬間があったのかと驚きました。

ONE POINT

▼褒められてうれしくない人はいない

自己肯定感を高める一つの方法として「褒《ほ》める」があります。褒め続けることで、相手の自己肯定感は高まっていく。子どもにとっても、褒め言葉というのは力になります。たとえば作文に傍線を引き、「見事！」と書くなどして具体的に褒める。私の小学校1年生のときの先生が、そうやって作文を褒めてくれました。私はそのおかげで、書くということが好きになりました。その先生はすべての生徒に、それぞれのよいところを褒めていたのです。

教師は、太陽である必要があり、あらゆる子どもに対して光を注がなければならない。できる子は比較的いつも光が当たるわけですが、そうでない子どもに対しても、いいところを見つけて褒める。**その都度、具体的に褒めると、子どもたちに「嘘《うそ》を言っているのではない」ということが伝わります。**「先生は、よく見ていてくれている」ということもわかり、信頼にもつながります。

生きる力は、自分を肯定するところから生まれてきます。少年院関係者の話によると、犯罪を起こす少年少女のほとんどが、幼いころから親や先生にあまり褒められた経験がないということです。自分が他者から褒められ、肯定が積み重なれば、自分がこの世に存在することに自信をもつことができます。そしてそれが、生きる活力になるのです。

自己肯定感というのはお互いに高め合う、それがごく自然なかたちです。しかし、今さら妻や夫を褒めづらい、という場合は、不自然にならない程度ですればいいでしょう。一方で、仕事の付き合いというのは、褒め合うことがやりやすい。どんな人にも褒めるポイントが必ずあります。

ただ褒めるだけでもいいのですが、やっぱり的確に指摘できるほうがいい。そのためには、「気づく」ということが大切になります。

▼何でもいいから「ポジティブな感想」を言う

褒めることは、難しくはありません。「変化」に敏感になれば、気づきは増えます。いつもよりプレゼンがスッキリしていれば、「準備がいいね」、「時間感覚が見事だね」、「明快だったよ」、「視点がよかった」など前向きなコメントがいくつもできます。要はどれだけ観察眼を養うかという問題です。つまり、しっかりと相手の感情を読み取り、話を聞いているから褒めることができるのです。

ONE POINT　どんな相手にも、リスペクトできるポイントはあります。そこをポジティブに評価するように心がければ、褒め上手になります。

私は、「褒め合う」をテーマとした授業を行なったことがあります。学生に対して「1週間、とにかくあらゆるものを褒めてきてください。その成果を来週発表してもらいます」という内容です。

発表では、「アルバイト先で周りの人を褒めまくったら、非常に評判がよくなりました」、「妹を褒め続けたら、妹との関係がよくなって、お菓子を分けてくれるようになりました」などの成果が発表されました。

さらに**4人一組になって1人ずつ「私はこれに自信がないんです」といった報告をし、他の3人は全力で褒め励まします。**最後には、「誰が、一番褒め方がうまかったか」ということも発表します。

たとえば、描いた絵を見せて「ぼくは絵がヘタで……」と発表したとき、1人の学生が「いや、私はこの絵をLINEのスタンプにしたいです！」と褒めました。このように具体的に褒めることがポイントです。

褒め続けることで、自己肯定感の低い人の扱いにみんなが慣れてきます。つまりこの授業では、自己肯定感が低い人に対して褒め言葉で対処する練習をしたということです。

「LINEのスタンプにしたい」と褒めていた女子学生とたまたまエレベーターに乗り合わせたので授業の感想を聞いたところ、「褒めることで自分の気持ちもよくなる」と話していました。「褒め上手だ」と褒められることも非常に嬉しかったそうです。

自分で自分を「高く評価する」ことも大切

「褒める」ということは、人間関係の基本です。しかし、ほとんどの人は、コミュニケーションの素人《しろうと》のまま、何となく過ごしてきています。「褒める」こと一つとってもこんなにすぐ上達するのに、なぜ練習をしないのでしょう。

「褒める」授業ではほかにも、すべてのものをあらゆる観点で褒める、目に触れたものを全部褒めるという練習も行ないます。たとえば、「英語教師になりたい」という夢があるのに英語の発音に自信がないという学生には、英語を話してもらって、クラス全体で彼の発音を細部にわたって褒めるということをしました。

本人にその感想を聞くと、「とても気分がよかった。お世辞だとはわかっていても、具体的に挙げて褒めてくれるので、自分のなかでもこれは自信をもっていいと思えた」。**他人から的確に褒められたことについては、積極的になれます。**

そうした変化のためには、「情けは人の為《ため》ならず」という格言をアレンジすれば、「褒めは人の為ならず」。褒めることは人のためでなく、めぐりめぐって実は自分のためにあるのだといえるでしょう。

ONE POINT　ネガティブワードをポジティブに言い換える例にたくさん接することで、人を褒める際のボキャブラリーも豊かになります。

さて、教師はそれほど褒められることがありませんので、私はこの授業の出席表の裏に「今回の授業に対して、褒め言葉を書いていただければ幸いです」と書いてみました。「今日の授業は天才的でした」、「本当にすごいと思います」といった数々の賞賛を目にしながら、来週も素晴らしい授業をしようという気持ちになりました（笑）。

ところで、人から褒められる環境にないときは、**「自画自賛回路」に入る**ことをおすすめします。そのときには女子マラソンの有森裕子さんの名言「自分で自分を褒めたい」が役に立ちます。

たとえばダイエットしたいのであれば、体重が最高記録を更新しているようなときにまず量っておき、それから少しずつ体重を落としていく様子を記録します。そして、頑張っている自分を褒める、私はそれを「自画自賛力」と呼んでいます。

SNSで「いいね」の数によって自己肯定力を保っている人もいますが、周りを見ると、「SNS疲れ」をしている人は多い。いつも人が褒めてくれるとはかぎらない、だからこそ、誰もがこのようにして「自分を褒める回路」をつくり、自画自賛力を養っておく必要があります。それがストレスに強くなることにもつながるのです。

ただ、何もないのに自己肯定感を上げることは難しい。ジムのトレーナーのようなもので、**ちょっと軽い負荷をかけてそれを乗り越えたときに褒める**、というように、適度なストレスをかけながら、自分を褒め続けることが大切です。

▼拠りどころをもつと打たれ強くなる

子どもや若者の心が折れやすくなっている、とよく聞きます。実際そうした傾向はあります。社会人でも、上司の些細《ささい》な言葉でやる気をなくし、会社を辞めてしまうような人もいます。

たとえば、仕事で「これじゃダメじゃないか」と言われた場合、いま問題にしていることがらについて、そのやり方はよくないという話をしているわけです。ここで、上司の叱責《しっせき》に発奮してどこがダメなのか、なぜダメなのかを考えて、仕事のブラッシュアップにつなげることができる人は問題ありません。

しかし、近年見られる反応は、「どうせ自分はダメだから」と人格そのものが否定されたようにとらえて、やる気を失い、投げ出してしまう。叱られたときも、悪いことをした事実に対して「反省する」、「謝る」という回路につながらず、「なぜ私だけが叱られるの？」と責任回避に走ってしまう。そして叱られたということのみに過剰に反応して、「自分は嫌われているんだ」と自傷的にとらえる。

ONE POINT　謙遜もいきすぎると自信喪失になり、卑屈になる。自分の力で何らかの成果を残したならば、自画自賛力も有効です。

それらの言葉の裏からは、自分を否定されたくない、認めてほしいという他者からの承認を求めずにはいられない気持ちが読み取れます。

他者からの承認を渇望《かつぼう》するムードは、社会全体に蔓延《まんえん》しています。自分を承認してもらいたい、だから他人を承認する。このような関係は、果たして幸せなのでしょうか。私はむしろ不安を助長すると思います。

自分が欲しいと思い込んでいるものと、後述するように自分にとって本当に必要なものが相反している、それに気づいていないのです。

なぜ、他者から認めてもらわないと、自己が保てないのか。一つには、現代は自分という人間が必要とされている感覚を実感しにくいということがあります。近年は、あらゆる分野で代替《だいたい》可能なシステム化が進み、仕事も、自分がいようがいまいが、滞《とどこお》りなく進んでいきます。あらゆる場面で「あなたでなくてもいい」、「あなたの代わりはいくらでもいる」というメッセージが用意されている。

また、自分自身の拠りどころとなるもの、心の支えになるものをもたなくなってしまったという弱さもあります。

人間の心は刻々と移り変わり、絶えず揺れ動いています。人間はもともとそういう存在であって、それゆえ、過去の自分と現在の自分との一貫性を肯定的に感じるよう、常に心に要求し続けるのは難しいのです。

自分の心が不安定なら、承認を当てにしている相手の心も不安定です。水の上の浮き輪に立っている2人がもたれ合っている感じです。

心が折れてしまいそうなときは、あやふやではないものによって支えられるほうがいい。**心以外のもので「一貫性のあるもの」に支えられていることで、安定感、安心感を保つことができます。**

自分のなかに確固たる自信や肯定感をもつことができれば、心は折れにくくなる。しかも、それを一本だけにしてしまわず、複数本もつ。それらを、綱をより合わせるようにして太く頑強なものにしておけば、たやすく折れたりはしないのです。

▼「アイデンティティ」とはどういうものか

自分は何者であるのか。自分が自分であるための核心とは何か。この定義を意味するアイデンティティとは、主体性、同一性といった言葉で解釈されています。

ONE POINT 他人からの評価でしか自分をとらえることができない。そんなあり方は非常に不安定なものです。

簡単にいえば、「自分は○○だ」、「私は○○です」と気持ちの張りをもっていえる「○○」はその人のアイデンティティです。

自分のなかのアイデンティティとは、一方では内的な一貫性であり、自分の存在証明です。他方では、**他人と本質的なものを共有している状態も指します。**

たとえば武士というのは、武士同士でお互いの本質的なものを共有しています。明治時代にはすでに武士はいませんでしたが、幕末生まれの福沢《ふくざわ》諭吉《ゆきち》は生涯、「自分は武士である」というアイデンティティをもっていました。それは自分のなかの内的一貫性であるとともに、ほかの武士たちと共有していた生き方の美学、信念のようなものでもあります。一人だけが武士だと思っているわけではありません。

芸能人など誰かのファンであることもアイデンティティになります。私は中森明菜さんのファンで、CDもDVDもほぼ全部もっています。中森明菜さんには熱心なファンが多く、いまもCDが売れ続けています。**特別な才能がある人に仮託する、自分を預けてファンであることも存在証明の一部になるのです。**

ですから、アイデンティティとは自分の個の才能、個のDNAだけを誇るものではありません。たとえば「讃岐《さぬき》うどんは、香川県民にとってアイデンティティ」であるという場合、アイデンティティは必ずしも人間の内面にあるものではないことがわかります。

また、大リーグの試合で大谷翔平《おおたにしょうへい》選手がホームランを打つと、なんだか嬉しい。自分が偏愛している存在は、アイデンティティにも関わります。

アイデンティティというのはさまざまな木が植わっている森です。さまざまなアイデンティティの根をもつ、それが人にとって健全な状態なのです。

たくさんの木が共存する森のような状態のアイデンティティが根絶やしにされ、一本化されてしまう、それは大変危険なことです。たとえば、戦前の日本の軍国主義やドイツのナチズムは、国家や民族の利益をほかの何よりも優先させる発想を国民に植えつけ、アイデンティティを一点に絞り込みました。一人ひとりが一つずつ獲得していくのではなく、全員に一挙に上から同じ存在証明を刷り込む。これでは、アイデンティティが本来もつ、プロセスの大切さがありません。

また、一本だけの根というのは、それが失われたときも危ないのです。

心の拠りどころが単線化し、それ一本だけしかないものが断ち切られてしまうと、心が空洞化し、その隙間に、新興宗教といったものがすっと入り込みやすくなります。アイデンティティを一点に絞り込もうとする点では、カルト宗教と呼ばれる過激な新興宗教団体も同じです。これが、マインド・コントロール

ONE POINT　「自分が他者とある本質的な部分を共有しているという感覚」がアイデンティティをつくるのです。

です。

▼「共有できるもの」をもつ人を探す

太くまっすぐな一本の根よりも、複数の細い束のほうが、耐性《たいせい》が高い。そこで、むしろプチ・アイデンティティを数多くもち、細かく根を張って複線化していくことが大切になります。

万一、自分という土壌の状態が一部悪くなったとしても、すべての根が枯れてしまわずに、まだ残っているアイデンティティによって救われることもある。**「ほかにもあるというような状況を、常につくっておくのです。**

何かを構築したいと思ったとき、異質なものを見つけ出しては徹底的に否定し、排除していく方法と、異質なものでもいいものであればどんどん取り入れて自分のものにしていく方法とがあります。一見、前者のほうがピュアで、後者は節操《せっそう》がない感じを受けるかもしれません。しかし前者の場合、本質においてはアイデンティティが痩せ細ってしまうことも多いのです。

これは、「自分探し」というアイデンティティの確立を考えるとわかりやすいかもしれません。あれも、これも、本当の自分ではない、と切り捨てていったらどうでしょう。

最後には自分がなくなってしまいます。さまざまな面が束になっていて、そのすべてが自分である、と受け入れる。そのほうが個性はずっと豊かになるのです。

最近は若者だけでなく、大人も「本当の自分を探したい」という言葉を使います。しかし、本当の自分を探して、自分の内側を見つめていこうとするのは、問いの立て方が間違っていることに気がつかなければなりません。

アイデンティティとは、他者と共有するところに存在するものです。**正しい問いとは、「本当の自分を探したい」ではなく、「自分と本質的に何かを共有する他者はどこにいるのだろう？」なのです。**

かつて、人生の進路に迷ったとき、私は、逆境の人生を送った人たちの体験談にのめり込みました。アイデンティティが揺らいでいる、いまこの心の状態でしか得られないものを得る、落ちた穴でしか拾えない物を拾うしかない、という気持ちで読み漁《あさ》りました。

『ある明治人の記録 会津人柴五郎の遺書』（石光真人編著、中公新書）、『わがいのち月明に燃ゆ』（林尹夫《ただお》、ちくま文庫）といった逆境を苦しみ抜いた人の本を読

ONE POINT　本を読むと、著者やそこに描かれた人物の人格が自分のなかに住みつくようになる。そうして、自分の心を偉大な人物の森にしていくのです。

むことで、その人たちとアイデンティティを共有し、自分の心の味方につけたのです。

その無念さの大きさにおいては自分の境遇とは同一視できるはずがないものの、著者に共感するたびに、自分を確かなものと感じることができた、こうした読書体験は、私にとって人生を考える時間にもなりました。

自分とは何者かを知るための近道は、自分と共有できるものをもつ人がいるということに気づくことです。**たとえ他者であっても、心のエネルギーを投げかけることで、その人の本質と自分との共通項を見つけることはできます。**

たとえば、優れた科学者に憧れて研究する若者が、「自分は科学者だ」というアイデンティティをもつとき、科学者同士の連帯があります。他者との連帯によって、アイデンティティの根を広げていけます。

▼気に入った作家に私淑すると、心が挫けにくい

ゲーテは、この世において、画期的なことをするためには、2つのことが肝要であると語っています。「第一に、頭がいいこと、第二に、大きな遺産をうけつぐこと」です。

ここで、「大きな遺産」というのは金銭的な意味ではなく、あるものを深く学んだ結果、自分のものとして継承できることになる、おおいなる知識のことを指します。

本を読み、著者に「私淑《ししゅく》」する感覚をもつことで、私たちは心の師を得ることができます。**熱い思い入れをもって著者を尊敬し、模範として学ぶ**。たとえばゲーテの本に親しみ、ふだんから言葉の端々にゲーテの言葉を引用できるようになると、それはまさにゲーテに私淑し、ゲーテの知性という遺産を受け継いだことになります。

心の師をもつと、人は簡単には自己否定に陥らなくなります。自信がなくなったとしても、自分の問題に強力な他者の知性を関わらせることができるので、心が挫《くじ》けにくい。「この考え方が否定されるのなら、私の心の師であるゲーテも否定されることになる。ゲーテを否定できるのか！」というようなものです。

『論語《ろんご》』に残された孔子《こうし》の言葉は、一見、それほど難しいことを言っているようには思えません。しかし、大人になって改めて読んでみると、はじめてそのよさと奥深さがわかる本でもあります。

たとえば、「生涯行なう価値のあるものは何か」を問われて、孔子はこう答えました。

ONE POINT　偉大な人間の思考を丸ごと身に帯びることができれば、器は格段に広がる。古典が尊重されてきたのは、そのためでもあるのです。

己れの欲せざる所、人に施すこと勿《な》かれ。（衛霊公《えいれいこう》第十五　24）

自分がされたくないことは、人にもしてはいけない。そうした人を思いやる心が、人格の完成において最も重要だとしています。

弟子は軽く「心がけます」と答えますが、孔子は「お前にはなかなかできることではない」と厳しく返します。孔子は常に、心がける段階をはるかに超えて、それが自然にできるようになるレベルに達しているかどうかを問うています。ですから、その言葉は重いのです。

また、私自身が人生の指針としているものの一つに、「一以《いつもつ》てこれを貫く。」（里仁《りじん》第四　15）という言葉があります。孔子が弟子に、孔子のことを物知りだと思うかを訊《たず》ねると「そう思います」と弟子は言います。孔子は「そうではなくて、一つのことを貫いてきたのだ」と答えます。私たちも、**自分のなかに一つの信念があり、それを貫いて生きているると思うとき、心が満たされてきます。**

孔子は晩年になってなお、自分の理想を希求し続けました。「朝《あした》に道を聞きては、夕べに死すとも可《か》なり。」（里仁第四　8）、つまり、自らの踏むべき道が見えたなら、その日のうちに死んでもかまわないという意味の言葉も残しています。

▼『論語』の教訓を商業に活かした渋沢栄一

孔子の『論語』を、生涯の座右の書としていたのが渋沢栄一《しぶさわえいいち》です。渋沢は、明治から大正初期まで日本の経済界をリードした「日本資本主義の父」とも呼ばれる大実業家で、2024年をめどに変更される新しい一万円札の肖像画にも決定しています。

士農工商という江戸《えど》時代の商業蔑視《べっし》の影響も色濃く残る当時は、利益を上げることを目的とする商業は、人の道を説き、国の治め方を説いた『論語』の精神とは相反するものだという見方が根強くありました。

しかし『論語』の教訓を商業・実業に活《い》かせるはずだと確信した渋沢は、生涯その言葉を信念としました。渋沢栄一の著書『論語と算盤《そろばん》』は、まさに『論語』と算盤（商業）を深く結びついたものとして世に問う覚悟が、そのタイトルにもあらわれています。

明治6（1873）年に大蔵省の官僚を辞め、これからいよいよ実業界に入るというとき、周囲の反応はといえば、お金に目がくらみ、官を去って商人になるとは呆《あき》れた、というものでした。そこで、渋沢はこう反論し、覚悟を決め

ONE POINT　自分に足りないものを感じ、素直に優れた人の「言」を聞き、それを「行」として身につけたい。『論語』はそんな気持ちを起こさせてくれます。

ます。

（前略）私は論語で一生を貫いてみせる。金銭を取り扱うが何ゆえ賤《いや》しいか。君のように金銭を卑《いや》しむようでは国家は立たぬ。官が高いとか、人爵《じんしゃく》が高いとかいうことは、そう尊《とうと》いものでない。人間の勤むべき尊い仕事は到る処にある。官だけが尊いのではないと、いろいろ論語などを援《ひ》いて弁駁《べんばく》し説きつけたのである。そして私は（中略）一生商売をやってみようと決心した。

『論語と算盤』（角川ソフィア文庫）

このように宣言したあとで、渋沢は先生について改めて『論語』の勉強をし直します。この渋沢の読み方は、現代の私たちも見習うべきものです。

「一生を貫いてみせる」としたからには、きちんと学び直して自分のものにする。

渋沢が晩年に、自らの人生の体験と絡ませながら『論語』を解説した『論語講義』という著書では、「これが孔子の言葉に対する私の実感である」という表現が数多く出てきます。孔子の言葉をそのくらい自分自身に引きつけて、渋沢は『論語』を使えるものとしてきたのです。

▼自分を肯定してくれる本を読みあさる

本を読むよりも体験することが大切だ、という意見があります。しかし、むしろいろいろな体験をする動機づけを読書から得ることがあります。たとえば、写真家・藤原新也のアジア放浪の本を読んで、アジアを旅したくなるというように、本に誘われて旅をするというのはよくあることです。読書をきっかけに、体験する世界が広がってくる。

それ以上に重要なことは、**読書を通じて、自分が体験したことの意味が確認される**ということです。本を読んでいて「自分と同じ考えの人がここにいた」という気持ちを味わうことは多く、そのとき自分の考えが肯定される気がします。自分を肯定してくれる者に出会うことで、スッキリと次に進むことができる。

私たちの生活には、言語化しにくいけれど何となく身体ではわかっているといったことが数多くあります。**暗黙知や身体知と呼ばれるこの世界は、本を読むことで、はっきりと浮かび上がってきます。**私は読書することで、過去の自分の体験について、「あれはこういう意味だったのか」と腑《ふ》に落ちることを、多く

ONE POINT　渋沢栄一『論語講義』は、本で知り得たことを自分自身の行動に引きつけていく読み方を学ぶ格好の教材です。

経験しました。

つまり、重要なのは体験すること自体ではなく、自分のいままでの体験がもつ意味をしっかりと自分自身でつかまえ、その経験を次に活かしていくことです。体験の意味を深め、経験としていくための積み重ねに、本は役立つのです。

読書によって、経験していないことでも力にすることができる。自分のなかに微《かす》かにでも共通した経験があれば、想像力の力を借りて、より大きな経験世界へ自分を潜らせることができる。

狭い世界に閉じこもる、自分の不幸に心をすべて奪われたりするといった固まった心を、読書は打ち砕く力強さをもっているのです。

▼日記で「自分を肯定する力」が湧いてくる

私たちが自分の信念を培《つちか》っていくためには、言葉の力が必要です。

人の心は、イメージと言葉によって制御されています。イメージはもちろん大切ではありますが、理想の自分に近づく手段としては、在りたい自分の姿を言葉にすること。話し言葉でもいいのですが、とりわけ書き言葉で表現することのほうが、より効果があります。

書くときは、自分自身とより深く向き合わなければなりません。もやもやとした感情を言葉にすることはとても難しく、**この気持ちにぴったり当てはまる言葉は一体どこにあるのだろう、と探すことになります。**それはつまり、自分の内面と向き合う、非常に価値のある時間です。

単に言葉を吐き出したいだけならば、話せば満足できるはずです。書くことは、考えを溜めて、自分のなかにある、言葉にして吐き出したいという欲望の圧力である内圧を、自ら高める行為なのです。

一人になって文章を書いていると、自分のなかで内圧が非常に高まってくることがあります。自分の考えや、思いを掘り下げ、本当に書きたいことを書く行為に結びつけるのはとてもつらい作業です。そのとき、内圧に屈して思いを小出しに吐き出したい、ただ欲求不満を書き連ねたいという誘惑に負けないようにする。気持ちを掘り下げてもっと内圧を高め、書ける状態に結びつけていく過程で、考える力が充満してきます。それはやがて、考える力の向上、自己形成にまで結びつくのです。

過去に日記文学といわれるものが存在したのは、時代のなかで自分を見失わ

ONE POINT　自分と同じ経験や意見を述べてくれている著者の本を選んで読むと、「ここに足場があった」と自信をもつことができます。

ない一つの手段として、書くという行為があったからです。この態度は、自分の気持ちを発散して確認してもらうという態度とは明らかに違うものです。自分のなかで自分の感情を見つめ、突き詰めて、その苦しみを突き抜け、昇華させなければなりません。

そんな日記としては、先ほども紹介した、『わがいのち月明に燃ゆ』があります。学徒出陣しなければならなくなった京都帝国大学生のこの手記は、書くことで向学心を維持しようとする青年の志が記されています。それは、そのまま流されてしまえば、消え去ってしまうであろう、自分の世界を維持するために書きつづられたものでもあります。

永井《ながい》荷風《かふう》の有名な日記『断腸亭日乗《だんちょうていにちじょう》』にも、荷風の内圧の高まりを感じます。消え去っていく江戸情緒《じょうちょ》を探し求めるという姿勢は、時代に対する一つの抵抗です。この日記は、大きく変わっていく時代のなかで、自分を見失わないための一つの拠点だったとも読み取れます。

誰しも、自分が生きている意味を人は確認してくれない、誰も支えてくれないという気持ちに陥ることがあります。自分が生きている意味とは、結局、自分自身で見いださなければならなくなる。そうしたとき、書くという行為は、自分を強く支えてくれるものです。書くという自己確認の作業によって、自分を肯定する力が湧いてくる。それが、日記を書くことがもつ大きな意味なのです。

第８章 感情自制力アップの近道

▼気持ちをコントロールできる人には「学ぶ構え」がある

勉強するということの基本は、人の話を傾聴《けいちょう》することです。先人たちの発見に敬意を払って耳を傾け、しっかり聞くことが学ぶということの基本です。

自己中心的な態度を謹《つつし》み、知識や技を吸収するための素直な態度である**「学ぶ構え」ができている人は、同じように他者に対しても素直に接し、配慮する意識をもちやすくなります。**

つまり、素直に学ぶことのできる人には、自分を制御するメンタルコントロールの技術といった心の技が、セットで付いてくるといえるのです。

先述した「積極的受動性」は、学ぶ構えの基本でもあります。たとえばモーツアルトのような天才であっても、まず基礎的な技法・文法を修得してから独自の

ONE POINT　自分の気持ちや考えたことを言葉にして、２行、３行でも書きつける癖をつけておくと、言葉も感覚も世界も豊かになります。

音楽表現をしたように、はじめは素直に学び、自分のものにしてから自由な表現活動に移るのが、学ぶことの筋道です。

読書にも、同じ「積極的受動性」の姿勢が求められます。著者に対して１００％同意するのではないにしても、**まずは著者の言っていることを受け入れてみる。**このように勉強と読書を通じて「学ぶ構え」をつくり上げていきます。

もし、勉強すればするほど考え方が凝《こ》り固まり、ものの見方が狭くなっているとしたら、それは学び方そのものに、どこか不具合があるのかもしれません。

素直であるということが、学ぶという活動そのもののもっている本質なのです。

▼学ぶほど、「知的ながまん強さ」が身につく

学べば学ぶほど、ステップごとに次々に「難しい」、「わからない」ということが出てきます。あらゆる学習には、がまん強さが必要です。これは、筋力トレーニングにたとえるのがわかりやすいと思います。

50kgのダンベルが上げられるようになると51kgのものも上げられるようになる。しかしそのときはまだ、52kgのものは上げられない。しかし51kgを練習してみると、次には52kgも不思議と上がるようになる。学習でも、反復練習をしていくと、ある段階で次に

進むことができるようになります。その繰り返しですから、ここで粘り強さ、がまん強さというものが生きてきます。

一つひとつ積み重ねなければダメですよ、というのは江戸時代に『万葉集《まんようしゅう》』の研究をしていた賀茂真淵《かものまぶち》が、本居宣長《もとおりのりなが》に言ったことです。

2人の生涯で一度だけの出会いを描いた「松坂《まつさか》の一夜《ひとよ》」には、アドバイスを求められた先輩の真淵が、宣長を励ます場面があります。『古事記』の研究をしたいという宣長を、『万葉集』の研究をしていた真淵は、ぜひやりなさいと励まします。しかし、手順を踏んでしっかりとやらなければいけない、焦ってはいけません、と伝えるのです。

というのは、『古事記』編纂《へんさん》当時はまだ平仮名、片仮名が発明されておらず、漢字のみで書かれていたため、『古事記』は江戸時代当時において、すでに解読不能な文書だったのです。その後、宣長は真淵の門人となり、6年間にわたって手紙のやりとりで指導を受けることになります。そして最終的に『古事記』を解読し、国学の大著『古事記伝』へと結実させました。

ONE POINT　体系的な知識内容を地道に身につけてきた人がもつ「耐える学力」こそ、社会で求められる仕事力につながっていくのです。

また、大勢の門下生を育てたことで知られる夏目漱石《なつめそうせき》は、手紙で弟子たちを励ましています。『漱石書簡集』に収録されている、芥川龍之介《あくたがわりゅうのすけ》らに送った手紙では、どこまでも粘り強く押すことが大切だと説いています。

牛は超然として押して行くのです。何を押すかと聞くなら申します。人間を押すのです。

『漱石書簡集』（岩波文庫）

これは一般の学習に対しても同じことです。わからなさを徐々に克服して恐れを抱かなくなる段階がきて、**むしろ、わからないことが出てきてほしいくらいのところにくると、学習の構えが身についたということになります。**

がまん強さというのは性格だけではなく、勉強することで培われた、知的ながまん強さのことです。焦らずに「なぜこれがわからないのか」、「どういう方法をとればこれに近づけるのか」と考えながら学ぶことに向き合っていくなら、結果としてがまん強くなることができるのです。

▼納得がいかないことも、しばらく「溜めておく」

読書では、確信を得るばかりが自分をつくる道ではありません。むしろためらうこと、つまり「溜める」ことを技として身につけるのが、大きな道筋となります。

ここでいう「溜め」とは、本来は身体の力を出すときに、膝《ひざ》を曲げて動きの準備を整えることを指します。心における「溜め」という技は、たとえば自分と異なる意見であっても一応は聞いておくこと、また、自分の言いたいことを心のなかで吟味《ぎんみ》し、言葉を選ぶことです。

私は大学の授業では、学生に読書についての自主的なプレゼンテーションを１、２分でしてもらうことにしています。そのときに、毎回同じ著者の作品を発表する学生が出てきてしまいます。一人の著者にほれ込むのは悪いことではありませんが、幅も広げてほしいと思います。

多くの本を読めば、それぞれが相対化されますので、いろいろな思想や主張を自分のなかで吟味することができるようになります。好きな著者の本だけを読む

ONE POINT　矛盾し合う複雑なものを心のなかに共存させていく柔軟さ。それが読書で培われる強靱な自己のあり方です。

のでは、こうした「ためらう」心の技は、鍛えられません。

いろいろな主張の本を、客観的要約力をもって読む。これは、自分の世界観を練り上げていく作業です。何かに傾倒するということがあっても、たった一つに限定されるのではなく、外の世界に幅広く開かれていってほしいと思います。

自分と一致した人の意見だけでなく、むしろ自分とは違う意見も溜めておくことができる。読書は、「摩擦を力に変える」ことを練習するための行為であり、読書によって懐《ふところ》が深く力をもった知性が鍛えられていきます。

▼イエスの言葉とガンジーの考えを引き受けたキング牧師

たとえば、「聖書に書かれてある言葉が理解できない」というのは、意味がわからないということではなく、実感ができないということなのだと思います。

『新約聖書』というのはイエス・キリストの人格をあらわすものであり、「右の頬を打たれたら左の頬を差し出せ」、「汝《なんじ》の敵を愛せ」のように、その言葉からも素晴らしい人格だということがわかります。

しかし、アメリカ公民権運動の中心となったキング牧師は、聖書の教えについて「右の頬を打たれたとき、なぜ左の頬を差し出さなければならないのか。黒人はこれまで右の頬を打たれ続けてきたのに」という疑問をもっていたといいます。それは正しい疑問のもち方です。これで本当に問題が解決するのだろうかと考えたのです。

キング牧師は、インド建国の父・ガンジーについて学んだことで、この言葉への理解が進みます。ガンジーの偉大さは、インドをイギリスから独立させるために武器を使わず、非暴力・不服従を貫いたことです。キング牧師は、その考えに心を打たれ、ガンジーについての本を読みはじめました。**そこで、キング牧師が信じているイエスの言葉とガンジーが結びついたのです。**

非暴力・不服従は無抵抗とは異なります。ガンジーが暴力を使わずにインドを独立させた方法をヒントにして、キング牧師も平和的な方法で、人種差別をなくしていく活動をはじめました。たとえば、黒人によるバスの乗車拒否などの方法を実行していきます。

キング牧師は、ガンジーが当時のイギリス植民地政府の、塩の専売に反対して行なった「塩の行進」によって民衆運動の意味も学びました。１９３０年、ガンジーは78人の支持者とともに、海水から塩をつくる目的で海岸まで約３８

ONE POINT　教養があるということは、幅広い読書をし、総合的な判断ができるということです。一つのものを絶対視するのは、教養があるとは言えません。

0キロの距離を行進しました。途中数千人が加わり、国際的にイギリスの不当な支配を知らしめることになりました。独立と自由を求める道を、行進するというかたちで表現したのです。

イエスの言葉を記した『新約聖書』があり、その後にガンジーの言葉があり、それがキング牧師に伝わっていく。このように、本を通して言葉が受け継がれていったのです。

知性とは「わからないこと」から逃げない勇気

読書していて「わからなさ」に出合ったとき、どのように対処するかというところに、その人の知性があらわれます。

「難しいことはわからない」、「わかるのは無理」、あるいは「わからないけれど、それはそもそも意味のないことなのではないか」。はじめからそう思ってしまうのは、考えることから逃げているということです。

それに対して「ほかの人が理解できていることなのだから、ていねいに順を追えば必ずわかるはずだ」、「それでももしわからないとすれば、教え方が悪いか、手順として何か飛ばしていることがあるかのどちらかだ」と考えたとしたらどうでしょう。

たとえば、小学生に「微分・積分」がわからないのは、中学生で習う数学を飛ばしているからです。「いまはわからないけれど、このルートを通れば理解できるところまで行きつけるはずだ」という確信がもてた人は、勉強する気になります。そこが、知性を得られるかどうかの大きな分かれ目となるのです。

そうした「わからなさ」から逃げていると、世の中のことはたいてい「意味がない」ので、「勉強する意味もない」となります。しかしそうやって切り捨てる一方で、「自分は、そんなことも理解できない無能な人間だ」という自己否定に入ってしまうことになります。**知識という他者を否定する、あるいはそれができない自分を否定する。そうした考え方に陥ってしまうのが、知性の欠如というものなのです。**

知性というのは、新しいものを目の前にしたときにそれを恐れない勇気です。むしろ、「そうなのか！」と驚く感性こそが知性です。その新鮮な驚きがフィロソフィー、知を愛することだと前出の『テアイテトス』のなかのソクラテスは語っています。

知性というのは新しいものを切り開く勇気であり、新しいものに立ち向かう勇気です。これらがあれば、理解にたどり着くことができるのです。

ONE POINT 問題を目の前にしたときは、ともかく「簡単だ」と口に出してみましょう。これが硬直した思考を解き放つ準備運動になります。

▼人類史上、最も難しいことを理解してみる

ある高校で、こうした「わからなさ」に出合ったとき、どのように対処をすればいいのかをテーマとした講演をする機会がありました。

生徒たちの卒業後の進路は、進学、就職とさまざまだったため、これから遭遇《そうぐう》するであろう未知のことに対して冷静に立ち向かうことができるようになるために、「人類のなかでも最も難しいといわれていることを理解してみる」ことにしました。テーマは「重力波」です。

重力波とは、アルベルト・アインシュタインの一般相対性理論によって1916年にその存在が予言されたもので、それから100年後の2015年に観測によって本当に存在することが証明され、大きなニュースになりました。

「ではこの場で、一般的に非常に難しいことだと思われている重力波について理解してみよう」というわけで、私はごく簡単な説明をしました。

とても重い物体があると、周囲の時間と空間が歪《ゆが》んでしまいます。バレーボールなどの球技をやっている人はネットを思い浮かべてもらい、「そこにとても重たい鉄の球を

置いたら、そこだけ広がって、近くの網の目の形が変わるよね」と説明しました。

ネットの上に重い鉄の塊《かたまり》を置いたときのように、時空の歪みというのは伝わっていきます。伝わっていくものが重力波であるのだから、研究者たちはそれが必ず観測できるものだと考えました。今回、とてもわずかなものですが観測することができたのは、13億年前に起きたブラックホールの衝突だったといいます。重力の歪みの衝撃が13億光年の距離を超えて伝わった、「それもすごいじゃん」ということですね。

こうした説明で全員何となく理解できましたという状態になり、次は2人一組になってショートコントをつくってもらいました。ブラックホール1号とブラックホール2号になり、2人でぶつかって、「重力波！」「時空が歪む！」と叫ぶ。次に「13億光年」と言って現代に移り、「観測された！」「アインシュタインすごい！　すごすぎる」と叫んでもらうということを行ないました。

そのねらいは、わからなさに出合ったら、逃げないで自分なりにわかろうとチャレンジすることを身をもって知ってもらう機会をつくりたかったのです。

一定の国語力さえあれば、あらゆる知識は伝達することができます。わからないという事態に陥ったときに、**日本語という国語力があるのであれば必ずや理**

ONE POINT　アインシュタインは、「知識には限界があるけれども、想像力は世界を包み込む」と、想像することの大切さをいっています。

解できる、という勇気をもって臨む。これが知性のあり方です。

はじめて読んだときにはしっくりこない言葉も、ていねいに読み直してみることで、「これはだいたいこういうことだな」と、つかめる気がすることがあります。

たとえば、ある本で「記号論」というテーマが出てきたときに、すぐに記号というものが何を意味するのかよくわからないとしても、もう一度読んでみると、たとえば、ブランド品を、その本当のよさを愛して買うのではなく、「このブランドは有名だから欲しい」という価値観で買うならば、そのブランドという記号をひたすら消費したいだけで、現在の社会は記号消費社会なんだなとわかってくるのです。

さらに記号という「概念」で世の中を見ると、みんな記号を消費しているんだな、ということもわかってきます。

このように、一つの概念を手に入れることで、ものの見方ががらっと変わるということがあります。たとえば、「自分たちはなぜ立っていられるのか」、「月はなぜ地球を周回しているのか」。これを解決するのが重力という概念で、「万有引力の法則」を発見したニュートンのおかげで、どれほど人類のものの見方が変わったことでしょう。

新しい考え方に触れないでいると、ほかの考え方をシャットアウトする、まるでマインド・コントロールにかかったような状態になってしまいます。

また、あまりにも無知な状態で、「すごい」と思えるものにはじめて触れて感動に押し流される場合も、マインド・コントロールされてしまう危険があります。

いろいろなことを少しずつでいいから知っている、つまり思想や思考についての免疫のようなものがあれば、一つの価値観に自分のすべてを一気にもっていかれてしまうということはなくなります。

複数のものの考え方に対応できる思考の体力をつくることによって、自分の足場を失わずに、異質なものと対話することが可能になるのです。

▼文学作品は「他者理解」のトレーニングに最適

自分と共通点のある人とは付き合いやすい。だから私たちの周りには、趣味嗜好《しこう》や学歴、育った環境などにおいて、同じ種類の人が集まりがちです。そのほうが心地よく、ストレスにもならない。私たちが「普通〜」、「みんな〜」という表現をする場合、世間一般という意味で言っていたとしても、実際は、自

ONE POINT　さまざまな考え方に対してオープンであることが大切です。自分の考え方をまったくくずさない状態では、人間の幅が狭くなってしまいます。

分の周囲の人をイメージしているはずです。

そして「この人とは話が合わない」というとき、たいていの場合、考え方が違うということよりも、感情的なしこりが影響していることが多いと思います。私たちは、話の論理性よりも、人間関係上の配慮を優先するところがあるのです。

相手が自分の期待に沿わない対応をしてきたとき、いくら論理的に語ってもあまり改善は期待できないでしょう。**論理の組み立ては大切ですが、その下にある感情を理解する力が重要な意味をもつのです。**なぜこういうことを言うのか、なぜこんな言い方をするのか、といったことがわからない人とは、話が噛《か》み合いにくいのです。

文学は、この「感情を理解する力」を養うのに最も有効であると私は考えています。好き嫌いは別にして、**レベルの高い文学には人間性というものが最もトータルに、しかも細部にわたって表現されているから**です。

いままで出会ったこともないような強烈な個性をもつ人物に影響を受けることは、人生を豊かにします。とはいえ実際には、そうした人とはなかなか出会えませんし、もし周りにいたとしたら実際に付き合うことはかなり大変です。しかし、文学のなかであれば、読者として余裕をもって受け止めることができます。しかも強烈な個性はだいたい極端で典型的なので、その組み合わせで幅広い人物像を理解しやすくなります。虚構性を通して真実があらわれる、そこが文学の面白さです。どんなに鼻もちならない性格、クセの強い人であっても、一流の文学者の手で描写されれば、その人物の性格の味わい深さのようなものが伝わってきます。
文学を読むことで人間のさまざまなクセを知り、感情の機微《きび》を理解していく訓練が、集中的になされるのです。

▼大人だからこそ読んでほしい太宰治

太宰治《だざいおさむ》の『駈込《かけこ》み訴え』という短編小説があります。

申し上げます。申し上げます。旦那さま。あの人は、酷《ひど》い。酷い。はい。厭《いや》な奴です。悪い人です。ああ。我慢ならない。生かして置けねえ。はい、はい。落ちついて申し上げます。あの人を、生かして置いてはなりません。世の中の仇《かたき》です。

『駈込み訴え』（『太宰治全集』筑摩書房）

ONE POINT　ドストエフスキーの作品には途方もないエネルギーをもった人物が大勢登場します。『カラマーゾフの兄弟』を読まずして人間を語るなかれ！

読者にとって、「私」が誰なのかわからないまま話が進みます。しかし最後に、主人公が名乗ります。「私の名は、商人のユダ。」つまり、イエス・キリストを裏切った弟子のユダだとわかります。

この作品は『新約聖書』を題材にした短編小説で、ユダはイエスを密告しています。ところが突然、話の内容がイエスへの愛に変わります。

あの人は嘘つきだ。言うこと言うこと、一から十まで出鱈目《でたらめ》だ。私はてんで信じていない。けれども私は、あの人の美しさだけは信じている。あんな美しい人はこの世に無い。私はあの人の美しさを、純粋に愛している。それだけだ。

ユダの告発の愛憎相半ばする思い、その反転するスピードがすさまじい。愛と憎しみがずっとひっくり返りながら続く、というかたちでこの作品は構成されています。

この作品のテーマは「片想い」です。友情や師弟愛にも、その根底には恋愛に通じるものがあります。**愛されないのなら、と一気に否定的な方向に流れてしまう**、その複雑な感情のもつれが、作品のなかに凝縮されています。

よく読むと、彼の訴えにはイエス・キリストに対する深い理解があることがわかります。ユダの言葉で「あの人は、寂しいのだ。」という一文があります。人間イエスの苦悩を、彼だけは見抜いていた。しかし「あなたの本当の姿がわかっている私」に対してもっと応えてほしいのに、イエスは「私」の気持ちをうまくくみ取ってくれない。そこにユダの葛藤《かっとう》がありました。そしてユダはイエスを裏切ってしまいます。

この一見矛盾する行動は、人が相手に対して本当に心惹《ひ》かれてしまい、自分自身を見失うほどに心を奪われてしまったときに、起こりがちなことです。

自分だけがその人の本質を知っている。この思いがポイントです。でも相手はいろいろな人に対して、思いを振り分けている。そうなると、否定的な感情が湧き上がってきます。これが恋心のもつ本質的な葛藤です。太宰がこの作品を通して私たちに伝えたかったのも、まさしくこの複雑な愛の葛藤ではなかったでしょうか。

恋愛では、2人が運命的に出会って惹かれ合い、表面的には喧嘩《けんか》ばかりして憎み合ったりしながらも、関係が続くことがあります。一方、何もかもうまくいっていて、大した事件も起きず、無事に添い遂げるカップルもいます。

ONE POINT　自分を愛してほしいと思う気持ちの裏側に憎しみもある。『駈込み訴え』は人の心理を描くお手本となっている文章です。

激しく愛し合うからこそ、いろいろな揉《も》め事が起きても、離れられない。こういう関係を「腐れ縁」といいますが、**太宰の作品には、この腐れ縁の美しさがよく出てきます。**『ヴィヨンの妻』は、まさにそうした作品です。

人と人は縁があって出会い、そして惹かれ合う。その関係は、世間でいう一般的な幸せのかたちには当てはまらないとしても、離れることなく絡み合いながら生きていく。最後にその生き方を、自分にとっては誇れるものであったと受け入れられるかどうか。それが、その人の愛のかたちを決めるポイントになるのではないでしょうか。

▼「ひしがれた自尊心」とはどういう状況か?

太宰治の『道化の華』という作品は「道化」が一つのキーワードになっています。小説のなかに、作者が登場するのが特徴です。

物語は主人公「大庭葉蔵《おおばようぞう》」が女と入水《じゅすい》心中をして、自分だけが生き残り、病室にいるところからはじまります。そして早くも7行目で、作者である「僕」が作中に入り込んできて、読者を驚かせます。

よそう。おのれをあざけるのはさもしいことである。それは、ひしがれた自尊心から来るようだ。現に僕にしても、ひとから言われたくないゆえ、まずまっさきにおのれのからだへ釘《くぎ》をうつ。これこそ卑怯《ひきょう》だ。もっと素直にならなければいけない。ああ、謙譲に。

『道化の華』（『太宰治全集』筑摩書房）

作者のつぶやきは頻繁にあらわれます。作者は、争いを避け、手加減して付き合っているとして、自分がつくった登場人物に対してまで、批判の目を向けます。

青年たちはいつでも本気に議論をしない。お互いに相手の神経へふれまいふれまいと最大限度の注意をしつつ、おのれの神経をも大切にかばっている。（中略）彼等《かれら》は、よい加減なごまかしの言葉を数多く知っている。（中略）そしておしまいに笑って握手しながら、腹のなかでお互いがともにともにこう呟《つぶや》く。低脳め！

しかも作者には、自分以外の人間を「バカだ」と思う自尊心があるため、自分がいかに優れているかという優越感を味わいます。その一方で、自分に至らない

ONE POINT　中島敦『山月記』も読んでみましょう。この話の主人公も自分の臆病な自尊心に食われてしまいます。

面や弱点があると、すぐさま自虐《じぎゃく》的になり、まるで道化のように振る舞ってしまう。

これは、とても痛々しい状態です。

ついに最後のほうで、作者は叫び、自問をはじめます。


僕こそ、渾沌と自尊心とのかたまりでなかったろうか。この小説も、ただそれだけのものでなかったろうか。ああ、なぜ僕はすべてに断定をいそぐのだ。すべての思念にまとまりをつけなければ生きて行けない、そんなけちな根性をいったい誰から教わった？


太宰の作品には、『人間失格』や『斜陽』のような完成度の高い作品ばかりでなく、本作のように作者本人が顔を出してくるものや、太宰的な登場人物がいて、その人が語りかけてくるというものもあります。

太宰は、たしかに鼻もちならないプライドをもっていたかもしれません。その一方で、真面目に生きたいという気持ちも、人一倍強かった人です。

その意味で、太宰は若い世代におすすめです。**とくに組織やシステムへの違和感をもつ人たちが読むことで、その感情を消化し、昇華に導くことができます。**太宰は社会との距離感を、深いかたちで言葉にしているので、読者はその言葉を通して自分のなかにもある感情を確かにつかまえ、整理することができるからです。
複雑な感情は、そうやって深く凝縮された言葉によって浄化しなければ、やみくもな怒りとなって暴走します。ネットでただ「許せない。ぜったい許せない」とやっているだけでは、ひたすら感情がエスカレートして、「あいつを殺す」ということになりかねないのです。

感情がエスカレートして、無差別に人を傷つける。そうした事件が起きるたびに、私は「太宰治を経験していたら、そんなことにはならなかったのに」と、心の底から思います。
鼻もちならないプライドと、真面目に生きたいという気持ち。周りから注目されたい欲望と、自分は何も達成していない現実。これらのギャップで日々焦燥《しょうそう》感ばかりが募《つの》っていく。どのみち自尊心がずたずたに破れていくのなら、理想と現実の差を暴力や破壊という安易な方法で紛《まぎ》らわそうという方向にいくのではなく、ギャップをもったまま生き、苦しみながら文学作品にまで高めた人間の存在を知るべきです。

ONE POINT　他者を理解する寛容さの方向に行くのか、理解を拒絶した不寛容の方向に行くのか。それを左右するのが読書力なのです。

太宰は最終的には自らの命を賭けましたが、それは心の深いところまで何度も潜り、作品を残した末の結論です。私たちも、人生のなかでは、心の奥底に潜らなければならないときがあります。そのとき太宰作品はその暗闇を照らします。**この深さは、心の浅瀬で「死ね！」「殺す！」と叫んでいることとは、わけが違うのです。**

太宰の暗さが感覚的に理解できないような単純な明るさよりは、抜けられないような心の闇にはまり込み、自らの弱さを自分自身で舐《な》めつくすような時期を味わったほうが、深い人間理解ができる人間になれるはずです。

作品を通して太宰を知ることで、持て余している自分の自尊心、納得できない苦しみ、自らの生きづらさは、少なくとも暴力で解決できないことに思い至るはずです。そしてSNSに人の悪口を書き連ねたり、貶《おとし》めたりしていた自分がなんと卑小《ひしょう》な存在だったかと、恥じ入る気持ちになってくるでしょう。

第9章 身体感覚アップの王道

▼日本の文化を支えてきた「腰と肚」

現代の日本人の身体に起きている深刻な変化、それは、中心感覚が失われているということです。中心感覚とは、自分の身体の中心、または中心軸をキーステーションにして、身体全体を「一つの統一したもの」として感じられる充足感のことです。

「芯《しん》が通っている」、「芯が強い」というほうがイメージできるのなら、身体の芯感覚と言い換えてもいいでしょう。これは、私たちの身体を自然に保つために必要になる、２つの感覚のうちの一つです。

かつての日本では、武道はもちろん、能や茶道、書道、歌舞伎、日本舞踊など、さまざまな伝統的な芸道で、身体の中心感覚を常に意識することを求められていました。落語などによく出てくる、「腰ぬけ」、「へっぴり腰」、「腰くだけ」、「お

ONE POINT　へっぴり腰は、屁をするときに尻を後ろに突きだす恰好のこと。腰が引けていて、ぐっと前に入っていない状態を言います。

よび腰」、「逃げ腰」、「弱腰」、「肚《はら》がない」、「肚が決まらない」、「腑抜《ふぬ》け」などの言葉は、身体に中心感覚ができていないことを批判したり、からかったりする言葉です。

私は、**日本の文化は、腰と肚《はら》を重視する「腰肚《こしはら》文化」である**と考えています。「腰肚文化」というのは私の造語ですが、たとえば、「肚ができる」という言葉は覚悟、決心ができていることを意味し、「肚が大きい」といえば人間的な器が大きいことを意味しました。また、「肚を据える」、「肚を練る」、「肚が太い」というように、人間は単に頭で決めるのではなく、肚を意識して決めるのです。**腰と肚に人間の中心があって、それは単に身体としての中心だけではなく、心の揺るぎなささをも含んでいました。**

そこで決断し実行していく、そのような身体感覚が日本の文化を支えてきました。心と身体は切り離すことのできないものだったのです。

身体を自然に保つために重要な感覚の2つ目は、自分と他人との物理的かつ精神的な距離がどのぐらいなのかを感じ取る「距離感覚」です。

中心感覚と距離感覚が表裏一体となって働くところに、目指すべき身体性があります。

たとえば、自分自身の身体の中心点あるいは中心軸から、他者との距離感を測りやすくなります。また他者を感じ取る力を通じて、自分のなかに中心を感じやすくなるということもあるのです。

しかし近年、**自分の身体が感覚として把握できない、距離感覚が欠如している**ケースが指摘されています。たとえば、人とすれ違うときに、身体がすぐにぶつかってしまうこともその一例です。

駅などで、肩がぶつかったり足を踏まれたりしただけで、いきなり殴りかかるという事件もしばしば起こっています。これは、自らの攻撃衝動を制御する力とも関連したことではありますが、根底にあると思われるのが、身体に触れられることへの嫌悪感です。

自然に触れる、触れられるという感覚は、距離感覚の基礎をなしており、これによって手にラケットを持っているときのように、ものを自分の身体の延長としてとらえることができるようになります。視覚と触覚的な経験によって、単なる物理的な距離を、自分の身体感覚としてとらえることができるのです。

▼言葉とともに失われる豊かな身体文化

身体の動きとそれを表現する言葉は、セットになって文化をつくり上げていま

ONE POINT　周りを遮断する癖がついてしまうと即応する感知力が錆《さ》びつき、話しかけられても、すっと言葉が出てこなくなったりします。

す。日本語には身体の微妙なニュアンスをあらわす「からだ言葉」が豊富にあります。たとえば、「堪忍袋《かんにんぶくろ》の緒が切れる」という言葉に慣れ親しむことで、身体のなかに堪忍袋のような袋や器がある、という感覚が生まれます。そのような袋や器が自分の身体のなかに感じられれば、それは自分にとって存在することになります。「肚におさめる」も、身体のなかにおさめるべき袋や器が肚にあることを想定しています。

「清濁《せいだく》併せ呑《の》む」という言葉があらわすのは、併せて呑みこんで肚に入れるという身体感覚です。単に自分と異なる意見を認めるのとは異なり、自分の価値観では割り切れないものも肚に呑みこむという感覚は、一度呑みこんで肚におさめたものであるなら、少々のことではそれを蒸し返さない、という粘り強さをもつのです。

こうした腰肚文化を基盤にした伝統的な身体文化は、終戦後、教育の領域で軽視、あるいは無視されてきました。

戦後はGHQ（連合国軍総司令部）によって、剣道や柔道すら禁止された時代です。明治維新以降、西洋文化を取り入れた近代化のプロセスを通じて伝統的な身体文化は衰退していましたが、そこに、敗戦が決定的なダメージを与えたのです。

それでも1960年代ごろまでは、どこの親も伝統的な身体文化を生活のなかで身につけており、子どもたちは遊びや生活のなかで身体を鍛える機会に恵まれていました。**いわゆる団塊《だんかい》の世代の親にあたる世代までは、身体の中心をつくることと、心のあり方を鍛えることが、密接な関係にあることを実感していた**といえます。

こうした伝統的な表現が死語になるということは、それに対応した身体感覚が失われるということを意味しています。

▼「からだ言葉」を自分の生活や思考に活かす

ここでは、「からだ言葉」のもつ文化的な価値を再評価する作業を行なってみたいと思います。

いずれも精神的なあり方、心構えを含んだ言葉ばかりですから、ぜひこうした言葉を自分の生き方に活《い》かしてもらえればと思います。

❶練る

さまざまなものを強くするのが原義で、自然の力を巧みに使い、硬いものを一度柔らかくすることを通して強さを出すという手法が「練る」です。

ONE POINT 「練る」には反復練習をして身につけるという意味もあり、「技を練る」、「人格を練る」、「人間を練る」という使われ方もあります。

一つの作戦を立てることを意味する「作戦を立てる」に対して、「作戦を練る」は、作戦を比較検討し、アイデアを溶け込ませながら、より良質な作戦へと練り上げていく意味合いがあります。

練るという動詞は、あえて困難をぶつけて鍛え、柔軟性をもたせることを意味するので、その背後には吟味された数多くの作戦が存在します。

「考えを練る」、「文章を練る」という表現も同様の意味合いを含んでおり、よく練られた考えや文章は、軽々しく変更することのできない奥行きをもっています。

❷磨く

磨く、研《と》ぐという動作を、日常生活で行なう機会はすっかり減りました。それとともに「人間を磨く」、「技を磨く」、「錬磨する」、「切磋琢磨《せっさたくま》する」、「研鑽《けんさん》を積む」などの表現も、この50年で急速に使用頻度が減っています。

玉・石・象牙《ぞうげ》などを切り磨くように学問に励むことや、仲間同士で励まし合って、学問や徳を磨くことを切磋琢磨といいます。硬いものを砥石《といし》でゴリゴリと磨く身体感覚が呼び起こされる切磋琢磨という言葉が使われなくなり、「良くなる」、「向上する」、「頑張る」といった言葉に置き換えられていくことは、**人間の硬い本質的な部分を磨き合**

ってお互い向上していくような、熱をもったクリエイティブな関係性を支えるイメージが一つ衰退することを意味します。

❸鍛練

鍛練といえば、身体を鍛えて硬くするというイメージがありますが、実際は柔らかく、粘り強くするものです。**鍛練の意味合いには、言われたことをただ繰り返すだけではなく、工夫し、吟味し続けることを含んでいます。**

宮本《みやもと》武蔵《むさし》の『五輪書《ごりんのしょ》』（岩波文庫）には、「鍛練をもつて惣躰自由《そうたいやわらか》なれば、身にても人にかち、又此道《このみち》に馴れたる心なれば、心をもつても人に勝ち、此所に至りては、いかにとして人にまくる道あらんや。」と、鍛練によって全身を意のままに動かせるようになる、ということが書かれています。

武蔵にとって鍛練は、具体的な反復練習の基準も指し、同書には「千日の稽古を鍛《たん》とし、万日の稽古を練《れん》とす。能々《よくよく》吟味有るべきもの也。」とも記されています。

❹渾身

「渾身《こんしん》の力を込める」は、若者の会話にはほとんど出てこない言葉です。

ONE POINT　身体感覚についての繊細な言語表現は、精妙な身体感覚を継承していく強力な手立てでもあるのです。

「渾」は、ひとまとめにするという意味をもち、身体全体を指す「全身」に対して、**「渾身」は身体全体のエネルギーをひとまとめにする、力のこもったニュアンスがあります。**

この言葉が死語になりつつある背景として、渾身という身体の使い方や身体感覚が必要とされる場面が激減していることが挙げられます。

しかし現代は、肉体的な意味での渾身が求められる状況は少なくても、仕事や学業において精神的な意味でエネルギーを出し切ることは求められています。

❺肚を据える

既述のように、肚がもつ身体・精神文化全体が、急激に衰退してきています。かつては中心感覚の代表であった肚は、突発的な出来事に対しても、動揺することなく冷静に状況判断をし、果断に行動することができる、といった精神的な意味も多く含んでいます。

「肚を据える」というのは、覚悟を決めて仕事などに取りかかるということです。

据えるというのは、下に落ち着かせるということです。動揺して浮き上がりそうになる気持ちを抑えて、腰を入れ直して息を深く吐き出し、横隔膜《おうかくまく》と内臓をぐっと下ろします。**腰と肚に充実感があることによって、自分自身が揺らがない感覚が生まれる。**それと同時に、重力の感覚をはっきりと感じ、大地と結びついた安心感が生まれます。

常にこのように構えていて肝が据わっている人には必要はありませんが、一般の人々は、事に臨むにあたって、「肚を据える」という感覚を喚起することによって、身心の構えを整えたのです。

❻腑に落ちる

頭ではわかっている、あるいはかたちとしては納得しているが、身体の底のほうまでの理解や了解には至っていない、スッキリしない状態が「腑に落ちない」。感情まで納得することができたとき、「腑に落ちる」という状態になります。

アメリカの心理学者ユージン・ジェンドリンが「フォーカシング」（焦点合わせ）という方法を提唱しています。

嫌なことがあったとき、自分のなかには、身体的な感覚として何となくもやもやした、しこりが残っているような状態があります。それをいきなり消すことは難しい。そこで、そのもやもやに焦点を合わせ、それは何だろうとぴったた

ONE POINT　全身の力を振り絞って挑む「渾身」という言葉をもっているのと、「頑張る」という言葉しかもたないのとでは、事を成す力が変わってきます。

りくる表現が見つかるまで何度も言葉にしていきます。

そして、「ああ、これだ」というふうにその正体をつかむ、それが、まさに「腑に落ちる」ということです。

たとえば人間関係で何かもやもやしたものがあるときに、自分の気持ちを掘り下げていくと、「ああ、あの人のあの発言がきっかけだったのか」といった原因に思い当たるかもしれません。

正体をつかむことができれば、重く停滞した心から解放されるきっかけがつかめる。「でも、あの言葉はその場の勢いで出てきたもので、本音ではないのだろう」などと考えたり、「そのくらいは許容しておこうか」というふうに、自分のなかで昇華できます。

❼ 懐《ふところ》が深い

相手を自分の内側に引き入れても、自分の中心軸を奪われることなく、余裕をもって相手に対峙《たいじ》できる、そんな状態を「懐が深い」といいます。身体的な面での懐の深さとは、関節や筋肉を駆使してショックを吸収し、どこかが崩されても、別のところでカバーするようにして、中心軸を失わないようにバランスをとることです。

懐の深さは、何かよくないことが起きたときにショックを吸収し、全体としてまと

める力です。それは複雑な事態を落ち着いて受け止める器量、人と意見や価値観が違っていたとしても、一度はそれを柔らかく受け止めたうえで、こなして相手に返すといった、精神的な意味合いも含んでいます。

「懐を深くする感覚」という表現が、自分のものになっていくと、さまざまな精神的なやりとりに応用することができるようになります。

❽腰だめ

火縄銃のような旧式の銃を撃つときに、腰に銃をあて、およそのねらいで撃つやり方のことです。これは一見、不正確な撃ち方のようですが、火縄銃のような旧式の銃はそもそも弾道が安定していません。どのみちズレることが避けられないなら腰で安定させてしっかりと構え、およその感じで目標をねらうという安定感を優先させたのではないかと想像します。

現代社会には不確定の要素が多く、流動的です。そこにおいては、**高性能の銃で細かく照準を合わせるより、腰だめで撃つというほうが現実に即しています。**

段取りが見えたならば、まずは腰だめで弾を撃ち、現実にアクションを起こ

ONE POINT　少しのマイナスによって、キレてしまう状態と、どのように追い込まれてもねばりきれる懐の深い構えとでは、大きな差があります。

す。同時に現実の変化に対して柔軟に対応していく。こうしたリアリティに即したアクティブな姿勢を裏で支えるのが、段取り力であり、段取り力は、この「腰だめでいく」イメージに近いのです。

❾ 裃《かみしも》を脱ぐ

裃は武士の礼装です。「裃を脱ぐ」とは、現代でいえば、常に上着を捨て、ネクタイをきっちりと締めているような堅苦しさを外すことを意味します。

人との距離感というのは常に一定のものではありません。決まりきったように同じ接し方をしているだけでなく、ときには「裃を脱ぐ」、気兼ねなく打ち解けることが大切です。

それとは反対に、気心の知れた仕事仲間でも、状況によっては一線を画《かく》して敬語で話すなどすると、その場の空気が締まってきます。**臨機応変に対応を変化させ、距離を近づけたり離したりすることで、お互いに心地いい関係性が保てるのです。**

このほかにも、「脇をぎゅっと締める」、「気を引き締める」というような、身体を凝縮する傾向の言葉は、リラックスさせる傾向の言葉に比べて流行らなくなってきています。

「噛《か》み締める」、「踏み締める」、「握り締める」といった複合動詞には、味わいがあるので使いこなしたいものです。

日本語は非常に懐の広い言語なので、ドンマイという言葉に典型的に見られるような、英語をはじめとした外来語をどんどん日本語にアレンジして吸収します。ですから言葉の総数でいえば、むしろ増えているのかもしれません。

外来語を取り入れる日本語の開かれた性格は、これからいよいよ重要になるでしょう。しかし**外来語の弱点は、歴史が浅く、その言葉が幼いころからの身体感覚と連動していない点にあります。**

時代が変化すれば、言葉も変化するのは当然です。しかし、これまでの生活文化・身体文化で中心的な位置を占めてきた言葉が周辺的な地位に退き、また消えていくことによる精神への影響は、ほとんど指摘されることはありませんが、実は根底的なものだと私は考えます。

ですから私は、基本的な身体感覚が衰退している事実を指摘するとともに、その重大な影響への注意を喚起しているのです。

ONE POINT　「こういうときにはどう振る舞うべきか」というセンサーが高感度な人ほど、好感度も高い人になっていきます。

おわりに

あらゆる場面で必要とされる2つの「学力」

学力とは2本立てであり、そこには、「伝統的な学力」と「新しい学力」があります。

まず、「伝統的な学力」は、カリキュラムとして大成されている知識の体系を身につけ、再生できる力というものです。

たとえば、歴史の勉強について、「いまはインターネットがあるのだから、暗記なんて無意味だ」という意見があるかもしれません。しかし、歴史という教科を真面目に勉強し、基礎知識が身についている人ほど、たくさんの検索をするものです。

それは、学びによって世界で起きていることに興味をもっているからで、知れば知るほどもっと調べたくなる。**「調べればわかる」と言っている人ほど、実際は調べないことが多いのです。**「調べればわかる」ためには、ある程度基盤となるベースの知識がないと調べることもできません。

また、「調べる気になる」ためにも、そのベースになる基礎的知識が必要です。その基礎的知識というのが、高校での学習内容なのです。

高校の学習内容を終えていると、物理でも化学でも世界史でも日本史でも、その入口を「わかっている」ということになります。一方、わからない人というのは、ずっと「もやのなかにいるような状態」になってしまうのです。

このようなことから、私は高校における科目選択制については反対の立場をとっています。

理科のなかで「取らなくていい教科」が出てきています。普通科高校において、かつて9割を占めた物理の履修者が2割を切りました。

近年、「学力低下」とよく言われますが、そもそも、教科を選択していないということは確実な学力低下です。**伝統的な学力が軽視されるということは、知識の基盤が落ちてしまうことを意味します。**

よく、「単なる暗記や詰め込みではなく……」といった紋切り型の言葉を聞きます。学校で習う基礎的な知識内容は、最低限身につけなければならないものです。それを「単なる暗記」と軽々しく蔑《さげす》むのは、学校教育に対する冒涜《ぼうとく》ではないでしょうか。ニュートンが発見した万有引力をはじめとする、人類が到達した黄金のような知識を「単なる暗記」と片づけられるのか？　ということになってしまいます。

アクティブラーニングのような新しい授業も、もちろん必要ですが、知識を軽視する発言は危険だということです。

知識の重要性を意識していただくためには、あなたがいま、社会人であるならば、高校の、各教科の便覧、要覧といった副教材を手に取ってみてください。すると、そのなかには素晴らしい知識が詰まっています。高校の学習内容を学ぶと、大変な知識が身につくことになります。

大人になってから学び直してみることで、高校時代にはわからなかったことが、腑《ふ》に落ちるようにもなります。それが「伝統的な学力」というものです。

もう一つの「新しい学力」は、問題を発見し、その問題に対して対話をしながらアイデアを出して解決していく能力のことです。

ビジネスでよくあるケースは、自社商品が売れなくなったという「問題」です。それに対して、たとえばマーケティングを行ない、チームをつくって対話をしていく。主体的に実験をしながらなぜ売れなくなったのかという仮説を立て、実験と検証を繰り返しながら「答え」を探します。

たとえば、本のタイトルをどうつければいいかは学校で教わらないので、自分自身で身につけなければなりません。

著者と担当編集者が話し合うなかで、たとえば『日本語暗唱テキスト』という案が出たとき、「それはちょっと……。テキストというタイトルも硬いですし、暗唱も、みんなどのくらいしたいかわからないですよね」というところから、「では、『声に出して読む』というのはどうでしょうか」「それはいいですね」ということになり、私の『声に出して読みたい日本語』という本が生まれました。

タイトル次第で、書籍の売れ行きは大きく変わります。そういった新しいアイデアを出していくのが「新しい学力」というものです。

このように、アイデアがトラブルを解決し、利益や価値を生み出すと考えていけば、**新しい学力とは対話的でクリエイティブなものなのです。そのためには主体性が必要になります**。

受動的に出てくるものを待ち、出てきたら覚える、記憶して複写機のようにアウトプットする、といった学びの方法では「あなたの考えは？」と聞かれたとき、言葉に詰まってしまうでしょう。

現代の仕事では、チームで新しいものを創造する場も増えています。それに対応できる力をつけるのも「新しい学力」です。

チームでいい仕事をするためには、意思の疎通がきちんとできるよう、語彙《ごい》力を高めておかなければなりません。そのとき、国語力の高い者同士は、非常に高いレベルでの意思の疎通ができます。

いますぐできることとしては、まず読書によって、「意味を読み取ることができる能力」、「意味があることが言える能力」を鍛えましょう。それが、すでに大人になった人にとっても他人事ではない、新しい学力を身につけることにもなるのです。

本書の刊行にあたっては、大和書房編集部の三輪謙郎さん、それに阿部祐子さんにたいへんお世話になりました。ありがとうございました。

齋藤　孝